2022年版

人事・労務の手帖

―コロナネクストに向けた実践ガイド―

産労総合研究所 編

はじめに

2019年末から始まった新型コロナウイルス（COVID-19）感染拡大は，2年をすぎ，3年目に入ろうとしています。

この間，人事・総務関係のみなさまは，事業の継続，従業員の安全のため，さまざまな対応を行われてきたことでしょう。

さて，本書は，2021年度の経済，企業・行政動向を振り返り，2022年度に検討課題となりそうなテーマについて，各専門家が，実務的な情報をコンパクトにお届けするものです。

昨年（2021年版）は，「withコロナ時代，組織・働き方をどうデザインしていくか」というサブタイトルで，新しい組織・働き方の構想に関する情報をお届けしました。

本年（2022年版）は，その構想を試行錯誤しつつ実践していく時期と位置付け，「コロナネクストに向けた実践ガイド」ということで課題をピックアップし，より実践的な解説を増やしました。また， DL マークのついた資料や規程例については，ダウンロードサービスを行っております（詳細は巻末ページ）。

人間は，少しの変化だとあまりストレスを感じませんが，それが長期にわたるとかなりのストレスになると言われています。そのうえ，今後の感染症等の先行きは，誰にもわからないという不透明な状況です。人事部としては，リスクや変化に対応できる組織づくり，人材づくりも必要ですが，併せて，変化とストレスにさらされている人材へのケアにも取り組みたいものです。

本書を1年間お手元に置いて，ご活用いただければ幸いです。

2022年3月
㈱産労総合研究所
人事情報局

人事・労務の手帖
2022年版

contents

第Ⅰ章
2021～2022年の人事・労務をめぐる環境変化

第Ⅱ章
人材マネジメント見直しの視点

第Ⅲ章
テーマ別にみた人事・労務の課題

凡例

本書では，本文中に特に注記のない場合は，以下のとおり，略語を使用している。

1．法令

労基法	労働基準法
労契法	労働契約法
安衛法	労働安全衛生法
労災保険法	労働者災害補償保険法
労組法	労働組合法
パート・有期法	短時間労働者及び有期雇用労働者の雇用管理の改善等に関する法律
パート労働法	短時間労働者の雇用管理の改善等に関する法律
男女雇用機会均等法	雇用の分野における男女の均等な機会及び待遇の確保等に関する法律
高年齢者雇用安定法（高年法）	高年齢者等の雇用の安定等に関する法律
育児・介護休業法	育児休業，介護休業等育児又は家族介護を行う労働者の福祉に関する法律
障害者雇用促進法	障害者の雇用の促進等に関する法律
働き方改革関連法	働き方改革を推進するための関係法律の整備に関する法律
女性活躍推進法	女性の職業生活における活躍の推進に関する法律
労働施策総合推進法	労働施策の総合的な推進並びに労働者の雇用の安定及び職業生活の充実等に関する法律
個人情報保護法	個人情報の保護に関する法律

2．告示・通達

厚労告	厚生労働省告示
基収	厚生労働省労働基準局長が疑義に答えて発する通達
基発	厚生労働省労働基準局長名で発する通達
基補発	厚生労働省労働基準局補償課長名で発する通達
地発	厚生労働省大臣官房地方課長名で発する通達

3．裁判例

地判	地方裁判所判決
地決	地方裁判所決定
地支判	地方裁判所○○支部判決
高判	高等裁判所判決
最一小判	最高裁判所第一小法廷判決
最二小判	最高裁判所第二小法廷判決
最三小判	最高裁判所第三小法廷判決

4．諸機関

厚労省	厚生労働省
労政審	労働政策審議会
労基署	労働基準監督署

第I章

2021～2022年の
人事・労務をめぐる環境変化

【ダイジェスト】ネクストコロナに向けて，企業がおかれる状況は個別多様化している。コロナショックへの対応を的確に行うためには，改めて「人」の重要性が高まっているといえる。人事のパーソナライゼーション化が大きな方向性となる。あわせて，政府の経済・雇用政策，法制度の改正状況も押さえておきたい。

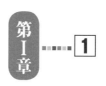

日本経済の行方

明治大学　教授　**飯田　泰之**

【ポイント】
- ◉ コロナショックの影響は産業，企業によって大幅に異なる
- ◉ コロナショックへの対応を誤らなければ，未来は明るい
- ◉ 薄利多売リストラ型のビジネスモデルは，日本社会に長期的にはマイナス
- ◉ 日本の今後の競争力の源泉は「人間」に関連している

　2020年初来の新型コロナウイルス感染症拡大は，世界の経済・企業，そして雇用の状況に大きな変化をもたらしている。コロナショック渦中における経済政策のあり方，企業活動の対応は，あらゆる経済問題を考えるうえでの出発点となるだろう。一方で，コロナショックはいつかは終わることにも注意が必要だ。それがワクチンの普及や治療薬の登場といった疫学的なものになるか，慣れと受容といった社会的なものになるかはわからないが。私たちは，コロナ後のビジネス・経済への構想・準備を怠ってはならない。

1　コロナショックの経済的特性

　まずは，経済的な意味でのコロナショックはどのような特徴かを整理することから始めよう。コロナショックは従来の世界が経験してきた経済危機とは大きく異なる特徴を有している。

　バブル崩壊やリーマンショックといった大不況，またはより小規模な不況においても，その発端は同時点の主要産業の成長鈍化，それに伴う金融機関の業績不振がその引き金となる。業績不振に陥った金融機関，例えば銀行業が貸出しの縮小や貸付けの回収を急ぐことによって，資金繰りに窮する企業が増加し，さらなる金融機関の困窮と実体経済の縮小に至る。しかし，今次のコロナショックにおいてはこのような金融危機型の問題は顕在化していない。経済停滞を招く経路が異なるがゆえに，従来型の不況対策はコロナショックの改善にとって限定的な効果しかもち得ない。

　コロナショックは過去に現代経済が経験したものとはまったく別種の経済危機である。そして，その経済的な損失が空前のものであることも言をまたない。その一方で，ショックの量的インパクトは正しく理解されているとは言い難いことも確かだ。

　これを日本におけるGDPの推移から見てみよう。2019年ごろの日本経済では四半期（3カ月）ごとに約140兆円のGDP（≒所得）が生み出されていた。2020年以降，この所得状況にどのくらいの変化が生じたかをみて

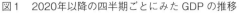

図1　2020年以降の四半期ごとにみた GDP の推移

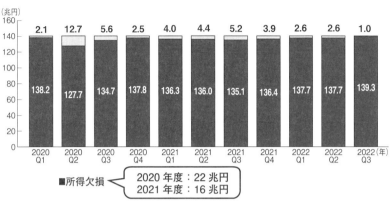

資料出所：『国民経済計算』各年．2022年以降は筆者推計値

みよう（図1）。

　もっとも経済活動が落ち込んだのが第1回目の金融事態宣言が発出された2020年第2四半期である。ただし，同時期にも3カ月間で約128兆円の所得が生み出されている。これは140兆円に対して9％ほどの所得欠損である。2020年度の欠損を累計すると約22兆円。これはコロナ前のGDPの4％である。単年で4％のマイナス成長は過去に例を見ない大幅な経済の落込みではあるが，巷間語られるイメージよりはだいぶ小さいのではないだろうか。所得欠損は2021年度には16兆円程度まで低下すると見込まれる。

　2020・21年度の所得欠損が40兆円に届かない程度であり，これは両年中に行われた追加的な財政支出よりも小さい。合計金額のみで考えると，これまでのコロナショックによる損失は財政支出によって補填されて余りあることになる……が，政府の支援が十分であると感じている事業主・労働者はほとんどいないだろう。コロナショックの特性は産業別・企業別の大幅な差異にあり，マクロ全体でのダメージの高では語れない部分が多い。

2　求められる経済対策と潜在的危機

　先進各国のなかで，日本のコロナ関連の財政支出規模は決して少ないものではない。予算編成時期の違いから少々古いデータにはなるが，2021年7月時点で日本はGDP比で16.5%のコロナ関連の財政支出を実施している（IMF Fiscal Monitor）。これは主要国では米国の25.4%には及ばないものの，オーストラリア（18.4%）につぐ規模であり，大胆な財政支出を行ったと報じられることの多い英国（16.2%）やドイツ（13.6%）を上回る実績である。

　その一方で，大規模な財政政策が十分に奏功しているとはいいがたいことも確かだ。その理由もまた，経済的な意味でのコロナショックの特性に由来する。コロナショックが始まって以来，日本における経済対策の多くは「広く浅く」「平等に」行われる傾向があった。2020年に行われた国民1人あたり10万円の一律給付金，中小企業1社あたり最大200万円の持続化給付などがその典型であろう。しかし，コロナショックへの対応として，「平等」な分配は平等ではない。職を失った家計にとって数十万円の支援金がいかほどの支えになるというのか。また，十数人の従業員を抱える中小企業にとって200万円の給付はまさに焼け石に水である。

　日本経済における，または世界経済におけるコロナショックへの基本的な処方箋はCold Sleep——危機前の状態の冷凍保存ではないだろうか。むろん，今次の危機を糧として新たな経済システムを模索するという意欲的な試みを否定するものではない。しかし，現代的な経済成長の特性に鑑みると，ショックを奇貨として転換を図ること以上に，ショックをやり過ごす姿勢が必要であるように感じるのだ。

　経済成長の要因について，経済学では古くから2つの対立的な基本モデルが想定されてきた。

　その1つがシュンペーターの着想に端を発する創造的破壊説である。創造的破壊説では，生産性が低い企業が淘汰され，これらの旧企業が抱え込

んでいた人材・資金・資源を新しく生産性の高い企業が利用可能になること——企業の新旧交代のダイナミズムに経済成長の源泉を求める。同説に従うならば，コロナショックによる既存企業の淘汰はその後の経済にプラスの影響さえもち得るだろう。

　一方で，ヒステレシス（履歴効果）から導かれるインプリケーションはこれとは正反対のものとなる。現代の経済活動を支えるのは，特許等によって明示される技術や最新式の設備といった目に見える資本ではない。企業内における人的なネットワーク——社内の人間関係から同僚のキャラクター・得手不得手に至る知識は企業活動にとって重要な生産性の源泉となる。また，顧客や取引先企業の経営者の性格や担当者のクセといった取引ネットワークがビジネスの効率化に資する部分は小さくない。例えば，同僚から上司・部下についてその特徴を十分に理解していること——これは同一企業に勤め続ける間は当人の大きな財産となるだろう。しかし，その企業が倒産・解散してしまった場合にはこれらの財産の多くは無に帰する。

　このような人間に関する知識と理解が重要となる経済では，既存企業の解散は人的ネットワークという資産の消滅を通じて，中長期的に経済の生産性を低下させ得るだろう。リーマンショック後の世界経済において，谷深ければ山高し——不況が深刻であるほど回復は劇的になるという景気循環の経験則はまったく成り立たなかった。サービス化する現代経済において，経済のダイナミズムは創造的破壊なドラマチックなものから，人的ネットワークとその継続性というソフトで地味なものに転換しつつある。

　人的ネットワークという資産の保存には，できるかぎりコロナ前と近い形でのビジネスの保全が必要であろう。そのためには，企業ごとにそのダメージに応じた形での財政支援が必要となる。コロナ前数年間の平均利益と2020年から2021年中の利益の差額を補填するといった，実績に応じた給付金の検討が急がれなければならない。

　また，融資型の支援の拡充も有用な選択肢となる。企業側から見ると，融資型支援は結局のところ借金である。そして借金であるからこそ，過大な被害額の申請を防ぐことができる。今次のコロナ危機に際して，日本は世界最大の融資型支援を実施している。その結果，2021年の企業倒産件数

は現在の調査方法になって以来最低となった。この点は高く評価されてし
かるべきだろう。しかし，日本におけるコロナ融資の成功は今後の危機の
火種となり得る。

　政策系金融機関によるコロナ融資は新型コロナウイルス感染拡大が生じ
た初期，2020年の4月段階から企画され早期に実施された。同制度の整備
当初，コロナショックがかくも長く続くと予想した者は少ない。返済猶予
期間は融資実行から1年前後（制度上は最長3年）に設定されているケー
スが多い。その結果，2021年中，つまりはコロナショックの真っただ中に
返済を開始せざるを得なかった企業も見受けられる。2022年にはより多く
のコロナ融資の返済がスタートすることになる。十分な業績回復がないま
まに，既存の借入れと併せてコロナ関連借入れの返済を負担することに耐
えられず，廃業・倒産を選択する企業は今後増加するだろう。

　一定の成功を収めた融資型支援はその成功ゆえに，アフターコロナの経
済危機の引き金となり得る。融資のリスケジューリング，資本性ローンへ
の転換，利子補填による実質無利子期間の延長などより長期にわたって緩
やかな返済を進めるプランへの転換が政策的に提案される必要がある。

3　人口問題と東京の停滞

　コロナショックへの対応を誤らなければ，日本経済，日本企業の未来は
決して暗いものではない。だからこそ，ここで対応を誤るわけにはいかな
いのだ。このように日本経済への明るい展望に言及すると，強く否定的な
反応を受けることが多い。なかでも典型的なものが，「日本は人口減少社
会に突入しており，これ以上の経済成長は望めない」といった人口減少悲
観論だ。

　人口成長率が高いほうが経済成長率も高くなる傾向があることは確か
だ。これは標準的な経済成長理論からも導かれる事実である。しかし，両
者の関係は少々強調され過ぎている。まずは，2000年代の世界各国の人口
増加率と経済成長率の関係をプロットしてみよう（**図2**）。両者の間には

図2　世界各国の人口増加率と経済成長率

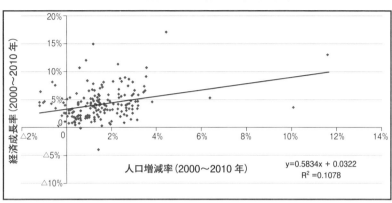

資料出所：世界銀行データより筆者作成

図3　都道府県別人口増加と実質経済成長率（2010〜2018年）

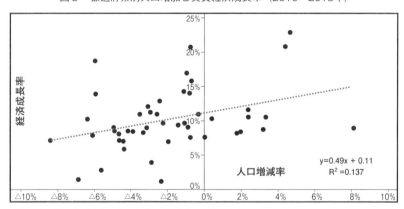

資料出所：「県民経済計算」「住民基本台帳」各年より筆者作成

正の相関関係が存在するが，そこまで明確な関係ではないことも容易に理解いただけるのではないか。人口増加率が低くても経済は成長している国も，人口は増えていても経済成長は振るわない国も多いことがわかるだろう。人口増加率は経済成長の支援材料の１つでしかない。

　ちなみに，国内の都道府県間にも同様の関係が観察される。**図3**は2010年以降の都道府県データについて，人口変化率と経済成長率を整理したものである。右上がりの関係は確かに存在するが両者の結びつきは強固なものではない。各自治体の「地域再生政策」の多くが人口増加を第1の目標に掲げている現状には疑問を呈さざるを得ない。

　ちなみに，横軸（人口増加率）が最も多い都道府県が東京都である。そして東京都の経済成長率は2010〜2018年の間で10％に届かない。その結果，同期間の1人あたり所得（≒平均所得）の伸び率において，東京都は47都道府県中46位と非常に振るわない結果となっている。アベノミクス期の日本経済は全国的な景気拡大と東京経済の停滞という現象が同時に発生する事態となっている。これは過去に例を見ないパターンの経済成長である。

　東京の停滞原因はどこにあるのか。新古典派経済成長理論に基づく収束論（経済水準の高い地域ほど成長率は低下する）や都市経済学における過剰集積（過度の人口集中が経済成長を妨げる現象）によって説明されることも多いが，ここではもう1つの可能性を提示したい。それが大企業本社モデルの危機である。

　東京都産業連関表（2015年度版）によると東京都の年間移出（国内他道府県への財・サービスの販売）約76兆円のうち，最大の項目が本社機能の移出である。本社機能の移出とは，地域外におけるフランチャイズ料，地域外支社・支店からの収益を合計したもので，いわば「本社があることによる東京の稼ぎ」と言ってよいだろう。驚くべきはこの本社機能の移出額は1995年以来約20兆円のまままったく成長していない。これは東京に本社がある大企業の「稼ぎ」が停滞していることが東京の停滞の原因であることを示しているのではないだろうか。

4　リストラモデルからの脱却を

　東京都の経済は想像されるほどグローバルなものではない。地域外からの所得の多くは国内の支店・支社・工場からの資金流入による。1990年代

後半から顕在化した地方経済の衰退がタイムラグを得て，国内他地域からの資金流入に依存する東京経済の収益性を低下させた可能性は高い。

　その引き金を引いた地方経済の衰退を考える際に，注目されるのが同期間の大企業，なかでも製造業大企業の成長要因分解である。労働生産性の上昇率は「付加価値率の増加」「売上げの増加」「人員の増加」に分解できる。なお，人員（雇用者数）は少なくなるほど労働生産性は高くなる。

　1990年から2019年までの製造業大企業では約30％の労働生産性の上昇が観察された（**表**）。これが2010年代の製造業各社の経常利益の伸びに寄与していることは確かだろう（ただし近年の好業績の主因は海外子会社の収益増に支えられている）。一方で，その生産性上昇は付加価値率の低下による売上増と人員減に起因していることが見て取れる。同期間の製造業大企業は，販売価格を下げる（付加価値率低下）ことによって売上げを伸ばす薄利多売のビジネスモデルに邁進し，その薄利多売を可能にするためにリストラ（人員減）を進めたのだ。

　同期間，なかでも2012年までの金融政策の失敗は規模を問わず製造業種の経営環境を悪化させたが，中小企業の人員減は売上減の範囲にとどまっていることと好対照である。また，同時期において非製造業各社は大企業・中小企業共に付加価値率を向上させており，薄利多売モデルの製造業と利ざやを厚くすることを目指した非製造業のビジネスモデルが大きく分化したことがうかがわれる。

　大規模製造業種の国内生産拠点はそのほとんどが大都市部以外の地域に

表　企業の成長要因分解（1990年〜2019年）

		労働生産性上昇率	付加価値	売上増加	人員増
製造業	大企業	30.4% ←	△10.3% +	11.0% −	△23.6%
	中小企業	△4.6% ←	△4.5% +	△10.8% −	△10.7%
非製造業	大企業	9.2% ←	41.9% +	7.5% −	39.7%
	中小企業	△8.4% ←	25.1% +	5.9% −	44.6%

資料出所：法人企業統計より筆者作成
（注）近似計算のため，交差効果分が考慮されていない。

立地している。そして，これら大企業が経営する工場が地域に好待遇の雇用を提供する役割を果たしてきた。これらの生産拠点の縮小が地方経済の豊かさを削ぎ，その縮小が地方経済を大きな顧客とする東京経済の不振を招いたのではないだろうか。

　薄利多売とリストラによる企業業績の維持がもたらすものは地方経済の衰退だけではない。製造業における安定雇用が縮小したことで，日本社会における中間層はその厚みを失ってしまった。中間層の喪失は国内需要の停滞につながる。薄利多売リストラ型のビジネスモデルは短気的な大企業利益の確保には有用であっても，長期的な日本経済にとっては手放しで褒められるものではない。さらに，中国のみならず新興国の技術水準向上により薄利多売モデルは今後さらなる苦境に立たされていくだろう。これからの世界市場においてコストパフォーマンスで日本企業が高い地位を占めることは不可能に近い。

　これからの製造業に求められるのは，付加価値率向上型の経営への転換である。その達成のためには単純なコストパフォーマンスではない製品の特別さ，アフターサービスや購入アシストのきめ細かさ，商品イメージ，ストーリー性が求められる。そして，これらのスペック標では語れない競争力の源泉となるのが管理部門のビジネスモデルを創造する力であり，現場従業員の質であり，部門間の垣根を越えたコーポレートアイデンティティの確立である。ここにあげた要素はいずれも「人間」に関連していることに気づかれるだろう。先進国経済の爛熟期を迎えた今，そしてコロナショックを経て，企業に必要なものは経営者・労働者の個人的な能力とネットワーク，そして理念の共有と言った泥臭いものに回帰しつつあるのではないだろうか。

プロフィール --

飯田　泰之　（いいだ・やすゆき）　エコノミスト。1975年東京都生まれ。東京大学経済学部卒業。同大学大学院経済学研究科博士課程単位取得退学。専門は経済政策・マクロ経済学，地域政策。近著は，『日本史に学ぶマネーの論理』『経済学講義』『思考をみがく経済学』『これからの地域再生（編著）』『地域再生の失敗学（共著）』等。

人事のパーソナライゼーション化

HRガバナンス・リーダーズ フェロー **吉田 寿**

【ポイント】

◉ 「企業中心社会」から「個人中心社会」へのパラダイムシフト,
「全社員一律人事」から「個別社員最適人事」へのパワーシフト
が進む

◉ 経営スタイルは「サステナビリティ経営・パーパスドリブン経営」,
雇用・人材マネジメントは「メンバーシップ型とジョブ型のベストミック
ス」へ

◉ 会社のオフィス,自宅,サテライトオフィス,移動中の交通機関など
を使い分けるハイブリッドワークの時代へ

1 「人事事変」という「大変」な時代

　かつて東西を隔てていたベルリンの壁が崩壊し，日本においてはバブル経済が文字どおり泡沫と消えた1990年代，作家の堺屋太一は，戦後50年の日本の常識が破壊され，世界４極（米国，中国，ユーロ圏，日本）の大競争が始まることを見越して，『「大変」な時代』（講談社，1995年）と喝破した。

　この伝でいえば，もはや「人事事変」とでも呼ぶ以外に表現する術〔すべ〕がない2020年代の「大変」な時代に，いまわれわれは直面している。少なくとも過去２年間は，本当にそう思える状況が続いている。歴史上よく語られてきたものに「事変」という言葉がある。この言葉の原義が，広範にわたる非常事態や騒乱を意味するものであるなら，現下の状況は，まさに「人事事変」と呼ぶべき時代を画する一大事件との認識が重要だ。

　引き金となったのは，いうまでもなく新型コロナウイルス（COVID-19）の世界的大流行（パンデミック）である。感染症は，グローバリゼーションのダークサイド（負の側面）ともいわれるが，たしかにこの新型コロナウイルスの感染は瞬く間に世界に拡散し，多くの感染者や犠牲者を生み出した。

　新型コロナが人事に与えた影響はきわめて大きい。「ビフォア・コロナ」（コロナ以前）や「ウィズ・コロナ」（コロナとの共生），「アフター・コロナ」（コロナ以後）といった表現も時代区分として頻繁に使われるようになったが，企業とそこで働く社員にとっての最も大きな変化は，テレワークやリモートワークのような，主に在宅勤務を主体とするワークスタイルに強制的に変更を余儀なくされ，それが常態となっていることだろう。

　直接的な原因はたしかに新型コロナ禍ではあるものの，新型コロナの誘因となったグローバリゼーションの負の側面や，これまでの資本主義体制の歪み，深刻化する地球環境問題，日本的経営や雇用・人事をめぐる諸矛盾などが一気に露呈し，アフター・コロナに向けての改革・革新の必要性が叫ばれるようになっている。その際に中核を占めてくるのが，「人事のパーソナライゼーション」なのである。

図1　人事のパーソナライゼーションを促す環境変化

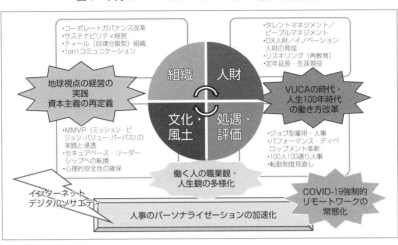

資料出所：筆者作成

　図1に示すように，企業を取り巻く地球規模的な環境変化が人事のパーソナライゼーションへの強力な推進力となり，パラダイムシフトを加速させているとの理解が必要だ。

2　人事のパーソナライゼーションとは何か？

　そもそも「パーソナライゼーション」（個別化・個性化）や「パーソナライズ化」といった言葉は，マーケティング用語に端を発している。パーソナライズには，「一人ひとりのpersonに合わせて取扱いを変える」といった意味がある。マーケティング領域でのパーソナライズは，「顧客に対して画一的なサービスを提供するのではなく，個々の顧客の属性や興味，趣味・嗜好，行動などに合わせて，最適な情報やサービスを提供すること」である。

　パーソナライズが求められるようになった最大の理由は，消費者ニーズの多様化だった。インターネットやスマートフォンの普及によって，世の

中に情報が氾濫するなか，消費者は自分が欲しい情報を自分で見極める必要性に迫られる。企業にとっては，同じ製品を大量に生産し，テレビCMなどのマス広告に訴えるマーケティングを行っているだけではモノが売れない時代となった。そのため，製造方法やマーケティング戦略も見直され，それぞれの顧客の趣味・嗜好や行動パターンなどに基づいた商品やサービス，情報の提供をすることが必要になったのである。

すでに1980年代半ばころから，「大衆」ではなく「小衆」や「分衆」「私衆」といったコンセプトは現れており（たとえば，藤岡和賀夫『さよなら，大衆。』PHP研究所，1984年），対象を絞ったマーケティング戦略が提唱されていた。最近では，より良質なCX（Customer Experience；顧客経験価値）の提供のためには，よりターゲットを限定した個別マーケティングの展開が必要とされ，この傾向がより顕著となっている。

この「顧客」や「消費者」という言葉を「従業員」や「社員」に置き換えても，同様のトレンドは見てとれる。新型コロナ禍のなか，終身雇用，年功序列，企業別労働組合といった「三種の神器」に象徴される古よき時代の日本的経営や雇用・人事のエコシステムは風前の灯火となり，ジョブ型雇用がホット・イシューとなるにつれ，新卒一括大量採用に代表された同質性重視の従来型人事は転換点を迎えている。国籍，文化や雇用形態，おかれているライフステージや仕事観，保有スキル，入社時期などの異なる社内の多様な人材を理解し，個々の社員に個別最適な働く環境や成長機会を提供することが，これからの人事や人材マネジメントの使命といっても過言ではない状況にある。CXの対概念ともいえるEX（Employee Experience；従業員経験価値）の向上のためにも，人事のパーソナライズ化は必要となってきた。

加えて，昨今のHRテクノロジーサービスの進歩・発展がある。この領域の裾野の拡大によって，これまであまり重要視されず，技術的にも取得困難だった従業員のエクスペリエンス・データ（体験データ）が取得可能となったことは，人事・人材マネジメントのパーソナライズ化を促進し，組織のなかで多様な人材が成長し活躍できる環境インフラの提供に寄与するようになってきた。エンゲージメント・サーベイやパルス・サーベイな

どが比較的容易にできるようになってきたことも，人事のパーソナライ
ゼーションを後押しする原動力となっている。

　人事のパーソナライゼーションとは，ある意味，「企業中心社会」から
「個人中心社会」へのパラダイムシフトであり，これまでの「全社員一律
人事」から「個別社員最適人事」へのパワーシフトである。それは，「年
次管理」に代表される画一的な昇給・昇格管理や配置・異動管理，教育・
研修機会の提供から転じて，社員一人ひとりに対し最適な人事・人材マネ
ジメントを実践していくことを意味している。

　このような人事の実践を突きつめると，企業で働く個人に対して提供す
べき人事施策の種類やバリエーションは多岐にわたり，多様な人事施策が
提供される必然性が生まれてくる。それは，これまでの画一的な人事管理
から，サイボウズ株式会社がまさに実践しているような，「100人100通
り」の多様性を重視した働き方や処遇・就業条件，福利厚生への配慮であ
り，一人ひとりに最適な人事施策を提供できる体制への転換となってくる。

3　トレンドを理解するために

　人事のパーソナライゼーションがもつ意味は，上記のような内容がメイ
ンとなる。このトレンドを理解するには，さまざまな視点からもう少し深
く考えなくてはならない。

　これからの人事担当は，ビフォア・コロナの時代のある意味専門特化し
た独自の狭い領域を越え，その視界を一気に広げ視座を高める必要があ
る。そのためには，地球的観点や自然，経済・社会といったマクロ的視点
から，企業が属する産業に関するセミ・マクロ的理解，さらには企業，組
織，個人へとブレークダウンされてくるミクロ的解釈について，ひととお
りの理解をもつ必要があると感じている。

　それらの詳細な説明については，別の機会に譲りたい。しかし，全体と
しては，**図2**で示すような，経営と雇用・人材マネジメント基盤の「グ
レート・リセット」（抜本的な変革）を伴うものであることを理解されたい。

図2　経営と雇用・人材マネジメントの「グレート・リセット」

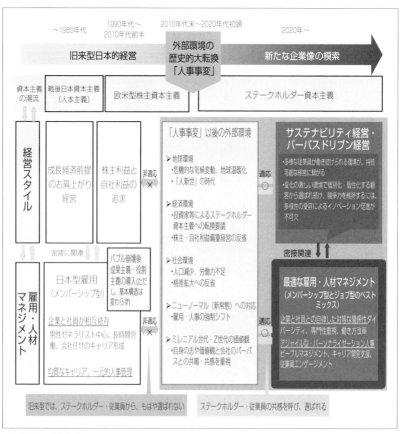

資料出所：筆者作成

4　「地球倫理」を軸に人事を考える

　スウェーデンの王立科学アカデミーが発表した2021年のノーベル物理学賞は，日本出身で米国籍の真鍋淑郎・米プリンストン大学上席研究員らに授与された。受賞理由は，大気中の二酸化炭素（CO_2）濃度が気候に与え

る影響を初めて数値で明らかにしたことだった。温暖化の原因を科学的に示した先駆的な研究は，現在の脱炭素をめぐる議論の発端となった。気候変動が深刻な問題となっているいまを象徴するようなタイムリーな受賞だった。

真鍋氏が気候変動の研究に本格的に取り組み始めた1960年代初頭，海洋生物学者のレイチェル・カーソンは，農薬で利用されている化学物質の危険性を指摘した先駆書『沈黙の春』（Silent Spring，原著1962年）を出版。人類史上初めて環境問題そのものに人々の関心を向けさせ，環境保護運動の始まりとなった。詩人科学者とも称される彼女が亡くなった翌年に出版された『センス・オブ・ワンダー』（The Sense of Wonder，原著1965年）は，まさに自然の「いのち」がもつ神秘さや不思議さについて，目を見張るほどのみずみずしい感性でつづられている。

地球環境のなかで人間の位置づけを見つめ直す視点は，近年，ますます重要性を増している。たとえば，クリストフ・ボヌイユとジャン＝バティスト・フレソズの『人新世とは何か』（青土社，2018年）では，われわれがいる足下の時代を新たな地質年代ととらえ，それを「人新世」（Anthropocene；アントロポセン）と位置づける。

「人新世」とは「人類の時代」ということなのだが，この時代の特徴は，工業化に伴う人間活動の爆発的増大が地球や環境に与える負の影響であり，その人為的な地質学的変化と位置づけられる。海洋生物の胃の中から大量のプラスチックが発見されるシーンがテレビで放映されたりもして，問題喚起が促されている。これから人間は，自然や地球環境とどう共存していくかが一大テーマとなることは明らかだ。

そんなところから，最近では，「地球倫理」の可能性が指摘されている（広井良典『無と意識の人類史』東洋経済新報社，2021年）。広井によれば，地球倫理とは，「個人から出発しつつ，地球の有限性や多様性を認識し，個人を超えてその土台であるコミュニティや自然（さらにその根底にある自然信仰ないし自然の内発性）とのつながりを回復する」（同書111ページ）という世界観ないしは思想といえるのだ。

これは，「サステナビリティ」（持続可能性）とも密接不可分であり，

SDGs（持続可能な開発目標）やESG（環境・社会・企業統治）重視の経営とも深いつながりをもってくる。2030年の目標実現に向け各国が取り組んでいるSDGsにおいては，「2030アジェンダ」の宣言のなかで「我々が思い描く世界は，すべての生命が栄え，すべての人々が身体的，精神的，社会的によく生きられる（Well-being）世界である」と述べられている。この考え方は，働く人すべての幸福の実現にもつながっていく。近年，そのSDGsは人権を重視するようになってきた。黒人に対する暴力や構造的な人種差別の撤廃を訴えるBLM（BlackLives Matter）運動が脚光を浴び，「レイシズム」（racism；人種主義）が注目を集めた。

　おそらく今後は，これらを無視した人事は考えられなくなるだろう。むしろ，地球倫理に軸足をおいた人事を志向することが，これからの人事のめざすべき姿となってくる。

5　「ネクストノーマル」へ向けた新たな働き方

　それでは，「ニューノーマル」（新たな日常）と呼ばれる「いま・ここ」を超えて，「ネクストノーマル」（次なる日常）へと向かう新たな働き方には，どんな方向性があるのだろうか？このあたりを整理したものが図3である。

　テレワークやリモートワークの一般化や常態化は，間違いなくDX（デジタル・トランスフォーメーション）を加速させることになる。DXとは，ICT（情報通信技術）の浸透が，人々の生活をあらゆる面でよりよい方向に進化させる変化のことだが，最近では，「ギグエコノミー」や「シェアリングエコノミー」といった「ネオ・エコノミー」が社会に与えるインパクトが議論されるようになってきた。

　たとえば，インターネットを介して単発で仕事を請け負う「ギグエコノミー」や「ギグワーカー」は，時間と場所にとらわれない新しい働き方として注目されている。これは，ライブハウスなどに居合わせたミュージシャンが，一度限りで演奏に参加することを意味する音楽用語「gig」（ギ

図3　「ネクストノーマル」に向けた新たな働き方

✓労働人口の減少
●生産年齢人口は、
　2030年に6700万人、
　2060年に4400万人に

✓DX（デジタル・トランスフォーメーション）
　の推進
●ICT、IOT、RPA等を活用した働き方が一般化
●リアル・オフィスとリモートとのハイブリッドワーク
●クラウドソーシングによるメンバーの外部調達

✓AIとの共生・共存
●AIに代替されない仕事を人間が担当

✓ジョブ型雇用・人事の普及
●専門人材の採用・育成
●70歳就業法に対応
●フリーランスのための法整備
●専門性と多様な働き方にマッチした就業形態の検討

✓人間の仕事は、知的創造型が主流に
●ネクストノーマルな働き方へシフト
●学生への新たな職業教育の提供の必要性

小さな本社と地方分散の進展
●ワーケーションの一般化
●ギグワーカーと自営型副（複）業の増加
●企業はプロジェクトの集合体に
●必要に応じて他社で武者修行

資料出所：筆者作成

グ）に由来する。フリーランス・タレント・プラットフォーム事業を手がけるランサーズの『フリーランス実態調査2021』によれば，自由業者など国内のフリーランス人口は約1670万人。この１年で57％の増加で，全労働人口の24％を占めるようになっている。ギグワーカーが急増しているのだ。

　パソコンやスマートフォンを利用して，個人間でモノや空間，移動手段，スキル，お金などを売買し，レンタルし，交換して共有する「シェアリングエコノミー」も，今後の市場規模のいっそうの拡大が予測されている。

　たとえば，インターネット通販の増加の影響でドライバー不足が深刻化している物流業界では，スマートフォンのアプリを利用して，空き時間に宅配業務を担う人材が増えているという。このような働き方が普及してくると，育児や介護などで時間に制約がある人たちも働きやすくなり，社会全体の生産性も向上するに違いない。

　2010年代から世界的なトレンドとなっていたものに，「ABW」（アクティビティ・ベースト・ワーキング）がある。これは，時間や場所にとらわれず，自分の仕事の内容に応じて働く場所と時間を自由に選択することのできる働き方であった。DXが進むことで，さまざまな人やモノと組織がつながり，新たな経済圏も生まれてくる。モノや時間，場所に縛られない自由で豊かなワークスタイルやライフスタイルが，今後さらに拡大する可能性も高まってくる。

　このあたりの変化が「企業中心社会」から「個人中心社会」への転換を促している。「コーポレート・センタード」から「ピープル・センタード」と表現してもいいだろう。人事のパーソナライゼーションを促進している一連の流れである。

　テレワークやリモートワークに関していえば，今後，次の4つのワークプレイスを使い分ける働き方になってくる。これは，最近よくいわれる「ハイブリッドワーク」だ。

---

① リアル・オフィス（実際の会社のオフィス）
② プライベート・ワークプレイス（自宅）
③ パブリック・ワークプレイス（サテライトオフィスやシェアオフィス）
④ 公共空間（移動中の交通機関の中など）

　これらの働く場所の使い分けやミックスで，働く人はその働き方を選択するようになる。一方，企業としても，生産性の向上やイノベーションの創出を目的とすれば，働く人の働き方の多様性を認める方向にシフトせざるを得なくなる。こうして，テレワークやリモートワークは，今後ごく普通の働き方として定着するようになってくる。

　これからは，企業あっての個人という状況から脱却し，AI（人工知能）やICTなどの先端技術を活用しながら，大組織の縦社会だけではなく，組織を越えたグローバルなネットワークのなかで新たな信頼と連帯を模索する自律的な個人が活躍する世界となる。

　テレワークやリモートワークが真の意味で機能してくるのは，そんな近未来においてということになるだろう。

プロフィール---

吉田　寿（よしだ・ひさし）　早稲田大学大学院経済学研究科修士課程修了。富士通人事部門，三菱UFJリサーチ＆コンサルティング・プリンシパル，ビジネスコーチ常務取締役チーフHRビジネスオフィサーを経て，2020年10月より現職。"人"を基軸とした企業変革の視点から，組織・人財戦略コンサルティングを展開。著書に『働き方ネクストへの人事再革新』（日本経済新聞出版）など多数。

第Ⅰ章 ----- 3

2021〜2022年 労働法制&労働行政の動き

北岡社会保険労務士事務所　特定社会保険労務士（元・労働基準監督官）　北岡　大介

【ポイント】

◉ 就労年齢の高齢化に備えた年金制度の改正

◉ 治療や育児等にかかわる社会保険の見直し

◉ 男性の育休取得促進を図る改正育児・介護休業法

◉ 副業・兼業を見据えた雇用保険法の改正

◉ 働き方の多様化を踏まえた過労死防止，労災認定にかかわる見直し

1　年金制度改正法

　2020年5月29日，国会において「年金制度の機能強化のための国民年金法等の一部を改正する法律」（年金制度改正法）が成立し，同6月5日に公布された。

(1)　被用者保険の適用対象拡大

　同改正では，今後ますます広がる多様な就労を年金制度に反映するため，社会保険の適用対象拡大が盛り込まれた。

　内容としては，短時間労働者適用拡大対象の企業規模要件を現行の従業員数500人超から段階的に引き下げ，2022年10月に100人超規模，2024年10月に50人超規模とするものである。また短時間労働者適用拡大の適用基準についても，賃金要件（月額8.8万円以上），労働時間要件（週労働時間20時間以上），学生除外要件は現行のままとする一方，勤務期間要件（現行1年以上）を撤廃し，2カ月超の要件を新たに適用する。

　加えて，5人以上の個人事業所の適用業種に，弁護士，税理士等の士業を追加する。

(2)　在職中の年金受給のあり方の見直し

　在職老齢年金制度は，60～64歳，さらには65歳以上の高齢者が雇用され給与所得を得つつ，老齢厚生年金を受給しようとする場合，老齢厚生年金の年金月額と賃金額の合計額に応じて，老齢厚生年金の支給額が減額または支給停止される制度である。

　改正前は，60～64歳までの「在職老齢年金制度」は，年金月額と賃金額の合計額28万円を超える場合に調整対象とされていたが，2022年4月1日からは，調整対象が合計額28万円から47万円に変更され，年金額の支給停止・減額対象が狭められる。これは，65歳以上を対象とした在職老齢年金制度と同様の基準である。65歳以上の在職老齢年金制度の基準は，2022年

4月1日以降も変更されない。

　また，65歳以上の在職中の老齢厚生年金受給者については，2022年4月1日以降，年金額を毎年10月に在職時改定する制度が導入される。改正前は，退職等により厚生年金被保険者資格を喪失するまでは老齢厚生年金の額が改定されなかったが，それまでに収めた保険料が毎年10月改定によって反映される仕組みへと変更されたものである。

図1　在職老齢年金制度の見直し

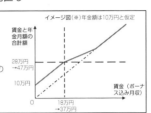

資料出所：厚生労働省

(3)　受給開始時期の選択肢の拡大・確定拠出年金の加入可能要件の見直し

　少子高齢化のなか，高齢期の就労が拡大することで長期化する高齢期の経済基盤を充実させるべく，2022年4月1日以降，老齢厚生年金の受給開始時期および確定拠出年金の加入可能要件が見直される。

　老齢厚生年金の受給開始時期については，改正前は60歳から70歳までの間で選択可能となっていたが，その上限を75歳まで引き上げ，繰下げ増額率を1カ月あたり，プラス0.7％（最大プラス84％）とする。この繰下げ請求の対象者は，2022年4月1日以降に70歳に到達する人（1952年4月2日以降に生まれた人）である。

　確定拠出年金については，改正前は企業型DCに加入できる人は65歳未満，idecoは60歳未満の国民年金・厚生年金被保険者等だったが，2022年5月1日から前者は70歳未満まで，後者は65歳未満まで対象年齢が引き上げられる。高齢期における経済基盤の充実，中小企業を含む多くの企業の労働者にとっての老後所得の確保を目的とした改正である。

2　医療制度改革関連法

　2021年度通常国会で成立した「全世代対応型の社会保障制度を構築するための健康保険法等の一部を改正する法律」（医療制度改革関連法）は，企業の人事・労務の視点からみると，傷病手当金の支給期間の通算，任意継続被保険者制度の見直し，そして育児休業中の保険料の免除要件の見直しが非常に重要である。

(1)　傷病手当金の支給期間の通算化　健康保険法等の改正

　傷病手当金については，健康保険の被保険者が業務外の事由による療養のため労務に服することができないときは，その労務に服することができなくなった日から起算して3日を経過した日から支給されるものであり，その支給期間はこれまで「同一の疾病・負傷に関して，支給を始めた日から起算して1年6月を超えない期間」とされてきた。

　これに対し，治療と仕事の両立等の観点からみると，がんなどの病気を治療しながら仕事を続ける被保険者は，上記1年6カ月の間に一時的に就労可能となり，傷病手当金が支給されなかった場合，支給開始から1年6カ月後に再度，治療のために就労できない期間が生じても支給対象とならなかった。

　この課題に対し，働き方改革実行計画等において見直しが提言されていたことを受け，傷病手当金は「その支給を始めた日から通算して1年6月間支給する」ものとされた（2022年1月1日施行）。

　施行日前に支給を開始した傷病手当金については，厚労省は「2020年7月2日以後に支給を始めた傷病手当金については，施行日の前日（2021年12月31日）において支給を始めた日から起算して1年6月を経過していないため，改正後の規定が適用され，支給期間が通算される」としている。

(2) 任意継続被保険者制度の見直し　健康保険法等の改正

　健康保険の被保険者である労働者が会社等を退職し，個人事業主等になる場合，健康保険被保険者資格を喪失することになるが，自ら希望し，申請することで健康保険の被保険者資格を継続できる制度として，任意継続被保険者制度がある。

　今回の改正によって，任意継続被保険者の資格喪失事由として，新たに当該被保険者本人が任意継続被保険者でなくなることを希望する旨を申し出た場合，その申出が受理された日の属する月の末日が到来するに至った日の翌日から，被保険者資格を喪失させることとなった。さらに，任意継続被保険者の保険料の算定基礎の一部見直しが行われている（2022年1月1日施行）。

(3) 育児休業中の保険料の免除要件の見直し　健康保険法，厚生年金保険法等の改正

　改正前においても，育児休業期間中は社会保険料が免除されているが，免除となる期間は，「育児休業等を開始した日の属する月からその育児休業等が終了する日の翌日が属する月の前月まで」とされていた。このため短期間の取得でも，月末日時点で育児休業を取得している場合は免除される一方，月途中（月末日は含まず）に当該月のみの育児休業を取得した場合は免除されなかった。

　そのため，男性の育児休業，とりわけ出生時育児休業取得促進の妨げになりうるだけでなく，賞与の社会保険料免除のみを目的にして賞与支払月の月末日を含めた短期間の育児休業を取得する例もみられたことから，今回の改正となったものである。

　改正後は，短期の育児休業の取得に対応して，月内に最低2週間以上の育児休業を取得した場合を，当該月の保険料に加えるとともに，賞与にかかる保険料については1カ月を超える育児休業を取得している場合に限り，免除の対象とされることになる（2022年10月1日施行）。

(4) 保険事業における健診情報等の活用促進　健康保険法等の改正

　労働安全衛生法等による健診の情報を保険者が保険事業で活用できるよう，事業者に対して被保険者等の健診情報を求めることを可能とした（2022年1月1日施行）。

3　改正育児・介護休業法

　2021年6月3日，改正育児・介護休業法が成立し，同年6月9日付けで公布された。

(1) パパ出生時育休の新設

　子の出生後8週間以内を対象に，男性が新たに出生時育児休業として4週間までの育児休業を取得できる制度が新設された（2022年10月1日施行）。

　改正前の育児休業法では，出産した配偶者が産後休業を取得する出産後8週間に，夫が育児休業を取得した場合，これを「パパ休暇」と呼び，特別な事情がなくても再度，夫は育児休業を取得することができた。改正後は「パパ休暇」は廃止され，パパ出生時育休によって，「子の出生直後の育児休業」の取得促進が図られることになる。

(2) 育児休業の分割取得

　今回の改正では，育児休業の申出期限を原則2週間前まで認め（改正前は1カ月前の申出だった），出生時育児休業さらにはその後の育児休業については2回の分割取得を可能としている（2022年10月1日施行）。

(3) 育児休業期間中の就労

　今回の改正では，育児休業期間中の就労を可能とする。労働政策審議会では「出生後8週間以内は，女性の産後休業期間中であり，労働者本人以

外にも育児をすることができる者が存在する場合もあるため，現行の育児休業では認められていない，あらかじめ予定した就労を認めることとしてはどうか」等の提言がなされたことを受け，労使協定を締結している場合に，労働者と事業主の個別同意により，事前に調整したうえで育児休業中に就業することができる取扱いとした（2022年10月１日施行）。

(4)　個別の働きかけ，環境整備

今回の改正では，「妊娠・出産（本人又は配偶者）の申出をした労働者に対する個別の働きかけ及び環境整備」が事業主に義務づけられた。

まず，「新制度及び現行の育児休業を取得しやすい職場環境の整備の措置」が義務づけられ，企業は「研修，相談窓口設置，制度や取得事例の情報提供等」のいずれかの措置の実施を選択しなければならない。

続いて，「労働者への個別の働きかけ」として，「本人又は配偶者の妊娠・出産の申出をした労働者に対し，個別に周知し，取得の働きかけをすること」が義務づけられた。具体的には，面談での制度説明または書面等による制度の情報提供，取得意向の確認等が選択肢とされている（いずれも2022年４月１日施行）。

(5)　有期雇用労働者の育児・介護休業取得要件の緩和

有期雇用労働者の育児休業および介護休業の取得要件のうち，「事業主に引き続き雇用された期間が１年以上である者」であることという要件が廃止された。ただし，労使協定を締結した場合には，無期雇用労働者と同様に，事業主に引き続き雇用された期間が１年未満である労働者を対象から除外することができる（2022年４月１日施行）。

4　改正女性活躍推進法

2019年５月改正の「女性の職業生活における活躍の推進に関する法律」（女性活躍推進法）によって，企業は女性活躍推進にかかる一般事業主行

動計画の策定・社内周知・公表・行政官庁への届出を義務づけられているが，当初は労働者301人以上の大企業が対象となっていた。

　この改正法は段階的に適用を拡大しており，2022年4月1日からは，101〜300人規模の中堅企業に対しても，一般事業主行動計画の策定・社内周知・公表・行政官庁への届出が義務づけられる。

5　改正公益通報者保護法

　公益通報者保護法が2020年6月8日に大幅に改正された。施行は2022年6月1日の予定とされている。

　今回の改正は，事業者の企業不祥事に対し，早期是正による被害の防止を図るため，以下の点が盛り込まれている。

---

① 　事業者に対して，内部通報に適切に対応するために必要な体制の整備等（窓口設定，調査，是正措置等）を義務づける。当面は従業員300人超の事業者を義務づけの対象とする。なお，中小事業者（従業員300人以下）は努力義務とする。

② 　上記の実効性確保のために行政措置（助言・指導，勧告および勧告に従わない場合の企業名公表制度）等を新たに導入する。

③ 　内部調査等に従事する者に対し，通報者を特定させる情報の守秘を義務づける（同義務違反に対する刑事罰を導入）。

　また，内部通報者が外部通報を行いやすくするため，行政への通報の条件として「氏名等を記載した書面を提出する場合」を追加するとともに，報道機関等への通報の条件として，「財産に対する損害（回復困難または重大なもの），通報者を特定させる情報が漏れる可能性が高い場合」などを追加し，同法の保護対象を大幅に拡充した。

　さらに，通報者が保護されやすいように，保護対象に「退職者（退職後1年以内）や役員（原則として調査是正の取組を前置）」を追加するほか，

保護される通報として新たに行政罰の対象を追加する。また，保護内容として不利益取扱いの禁止を盛り込むほか，「通報に伴う損害賠償責任の免除」を新たに規定化した。使用者が公益通報者その他の労働者を萎縮させようとして，不当に損害賠償請求を行うことを法的に制限するものといえる。

　今回の改正を受けて，労働者300人超の企業は内部通報のための体制整備が義務づけられ，これに違反する場合，行政指導さらには企業名公表の対象となりうる。人事・労務部門においても，これまで以上の対応が求められる法改正といえる。

6　改正個人情報保護法

　2022年4月1日に，改正個人情報保護法が施行される。今回の改正は2015年の法改正による「3年ごとの見直し」に基づくものであり，個人情報に対する意識の高まり，技術革新を踏まえた保護と利活用のバランスなどからさまざまな改正がなされている。

　人事・労務分野にかかわりうる事項として，まず個人の情報保護にかかる権利保護として，以下の改正がなされた。

---

① 　利用停止・消去等の個人情報保護請求権について，個人の権利または不当な利益が害されるおそれがある場合にも要件を緩和する
② 　保有個人データの開示方法について，電磁的記録の提供を含め，本人が指示できるようにする
③ 　個人データの授受に関する第三者提供記録について，本人が開示請求できるようにする　等

　事業者の守るべき責務として，漏洩等が発生し，個人の権利利益を害するおそれがある場合に，個人情報保護委員会への報告および本人への通知が義務化されている。

　また最近では，就職情報サイト運営事業者が就職活動を行った学生の個

人情報（閲覧履歴等）を基にアルゴリズム処理を施し，学生の同意がない
なか，内定辞退率の予測データを算出し，求人企業に提供するという行為
が社会的に問題となり，個人情報保護委員会および厚労省が当該事業者に
対し行政指導を行った事案等も生じている。これを受け，今回の改正では，
事業者に対し，違法または不当な行為を助長する等の不適正な方法により
個人情報を利用してはならない旨が明確化された。

　また，提供元では個人データに該当しないものの，提供先において個人
データとなることが想定される情報の第三者提供について，本人同意が得
られていること等の確認を新たに義務づけている。

7　労働者協同組合法

　2020年12月に成立した労働者協同組合法が，2022年10月1日に施行され
る。同法は働く人が自ら出資し，働き，運営にかかわる新たな法人格の仕
組みにかかるもので，労働者協同組合の目的として「各人が生活との調和
を保ちつつその意欲及び能力に応じて就労する機会が必ずしも十分に確保
されていない現状等を踏まえ」「多様な就労の機会を創出することを促進
するとともに，当該組織を通じて地域における多様な需要に応じた事業が
行われることを促進し，もって持続可能で活力ある地域社会の実現に資す
ること」としている。

　この法律による法人設立・活動を通して，介護や育児など地域の需要に
かなう事業と多様な雇用機会の創出が期待されている。同法のポイント
は，以下のとおりである。

①　組合の基本原理に基づき，組合員は，加入に際し出資をし，組合
　の事業に従事する者とする。
②　出資配当は認めない（非営利性）。剰余金の配当は，従事分量に
　よる。
③　組合は，組合員と労働契約を締結する（組合による労働法規の遵

守）。

④　その他，定款，役員等（理事，監事・組合員監査会），総会，行政庁による監督，企業組合またはNPO法人からの組織変更，検討条項（施行後５年）等に関する規定をおく。

8　雇用保険マルチジョブホルダー制度の新設

改正雇用保険法に基づき，2022年１月１日から以下の労働者を対象とする雇用保険マルチジョブホルダー制度が新設された。

これまで雇用保険制度の被保険者については，１つの事業所で所定労働時間が週20時間以上であることを要件の１つとしてきたが，改正雇用保険法によって，65歳以上の労働者に限り，以下の要件を満たした場合には，本人のハローワークへの申出に基づき，特例的に雇用保険の被保険者とし，失業時の雇用保険給付（高年齢求職者給付金が対象）を行うこととしたものである。

①　複数の事業所に雇用される65歳以上の労働者であること
②　２つの事業所（１つの事業所における１週間の所定労働時間が５時間以上20時間未満）の労働時間を合計して１週間の所定労働時間が20時間以上であること
③　２つの事業所のそれぞれの雇用見込みが31日以上であること

また，雇用保険被保険者資格の取得・喪失手続きは，原則として事業主が行うこととされているが，この雇用保険マルチジョブホルダー制度は，マルチ高年齢被保険者としての適用を希望する労働者本人が手続きを行う必要がある。上記①〜③の基準に該当していても，労働者本人が自ら手続きをしない限り，雇用保険の被保険者資格等が生じず，本人の未手続きにかかる事業主責任は生じない仕組みとなっている。

図２　雇用保険マルチジョブホルダー制度の適用対象者

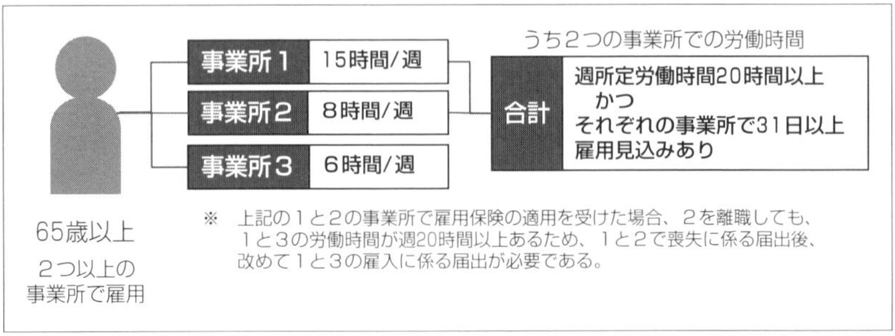

資料出所：厚生労働省

　他方で，労働者本人が手続きを求める際には，本人依頼に基づき，事業主が必要な証明（雇用の事実や所定労働時間等）を行う必要がある。また本人の手続きに基づき，雇用保険被保険者資格が生じた場合には，資格取得日以降，事業主ごとに雇用保険料納付義務が生じることになる。

　加入後の取扱いについては，通常の雇用保険の被保険者と同様に，当該労働者による任意脱退は認められていない。

　さらに上記基準に該当しなくなった（２つの事業所での合算労働時間が20時間未満等）場合には，労働者本人が雇用保険の資格喪失手続きを行う必要がある。

　本制度はマルチジョブホルダー労働者全体への雇用保険適用に向けた試行実施であり，その効果等について施行後５年をめどに検証される予定である。

9　パワハラ防止措置の中小企業に対する義務化

　2019年５月に成立した改正労働施策総合推進法における，パワハラに関する雇用管理上の措置等の義務化は，2020年６月１日から大企業に対して施行されたが，2022年４月１日からは中小企業に対しても施行される（2022年３月31日までは努力義務）。

　事業主が講ずべき雇用管理上の措置等としては，以下の内容が求められる（「事業主が職場における優越的な関係を背景とした言動に起因する問題に関して雇用管理上講ずべき措置等についての指針」〈令2.1.15厚労告5号〉〈パワハラ指針〉）（ DL1 ）。

> ア　事業主における，職場のパワーハラスメントがあってはならない旨の方針の明確化や，当該行為が確認された場合には厳正に対処する旨の方針やその対処の内容についての就業規則等への規定，それらの周知・啓発等の実施
> イ　相談等に適切に対応するために必要な体制の整備（本人が委縮するなどして相談を躊躇する例もあることに留意すべき）
> ウ　事後の迅速，適切な対応（相談者等からの丁寧な事実確認等）
> エ　相談者・行為者等のプライバシーの保護等併せて講ずべき措置

10　事務所衛生基準規則・労働安全衛生規則の改正

「事務所衛生基準規則及び労働安全衛生規則の一部を改正する省令」（ DL2 ）が，2021年12月1日（照度基準については，2022年12月1日）に施行された。改正内容は，以下のとおりである。

> ①　事務室の作業面の照度基準について，作業の区分を「一般的な事務作業」および「付随的な事務作業」とし，それぞれ300ルクス（現行は150ルクス）以上および150ルクス（現行は70ルクス）以上とすること。
> ②　作業場における便所の設置基準について，以下のとおり見直すこと。
> 　イ　男性用と女性用に区別して設置したうえで，独立個室型の便所を設置する場合は，男性用大便所の便房，男性用小便所および女

> 性用便所の便房をそれぞれ一定程度設置したものとして取り扱う
> ことができるものとすること。
> ロ　作業場に設置する便所は男性用と女性用に区別して設置すると
> いう原則は維持したうえで，同時に就業する労働者が常時10人以
> 内である場合は，便所を男性用と女性用に区別することの例外と
> して，独立個室型の便所を設けることで足りることとすること。
> ③　事業者に備えることを求めている救急用具について，一律に備え
> なければならない品目の規定を削除すること。

　このうち事務所のトイレにかかる②ロの改正については，パブリックコメントを募集したところ，小規模事業所においても「女性専用トイレを廃止すべきでない」との反対意見が多数を占めていた。同意見を受け，厚労省は本改正を行う一方で，懸念への対応として，まず「小規模な作業場における特例は，やむを得ない場合に限った例外規定であり，便所は男女別設置が原則」である旨を広く周知するとする。

　そのうえで施行通達において，やむを得ない場合の例として，事業所がマンションの１室など，構造上増設が困難な場合等をあげるほか，既存の男女別トイレの廃止，転用は許容されるものではない旨を明らかにするとしている。

　また反対意見のなかには，トイレが１つとなることによる性暴力，盗撮のおそれが指摘されており，施行通達では異常事態発生時の対応（防犯ブザーの設置，管理者による外側からの緊急解錠等），盗撮防止等に対する事業者側の配慮措置を求めている。

11　過労死等防止対策大綱の変更

　2021年７月30日，政府は「過労死等の防止のための対策に関する大綱」の変更を閣議決定した。

働き方の変化等を踏まえ，おおむね今後3年間における以下の取組みが示されたものである。

①　新型コロナウイルス感染症の拡大に伴う対応や働き方の変化を踏まえた過労死等防止対策の取組みを進めること。

②　新しい働き方であるテレワーク，副業・兼業，フリーランスについて，ガイドラインの周知などにより，過重労働にならないよう企業を啓発していくこと。

③　調査研究について，重点業種等※に加え，新しい働き方や社会情勢の変化に応じた対象を追加すること。また，これまでの調査研究成果を活用した過労死等防止対策のチェックリストを開発すること。

　　※　自動車運転従事者，教職員，IT産業，外食産業，医療，建設業，メディア業界

④　過労死で親を亡くした遺児の健全な成長をサポートするための相談対応を実施すること。

⑤　大綱の数値目標で，変更前の大綱に定められた「週労働時間60時間以上の雇用者の割合」や勤務間インターバル制度の周知・導入に関する目標などを更新する。なお，公務員についても目標の趣旨を踏まえて必要な取組みを推進すること。

12　脳・心臓疾患の労災認定基準見直し

　厚生労働省は2021年9月14日付けで，脳・心臓疾患の労災認定基準を改正した。

　前回の改正から約20年が経過し，働き方の多様化や職場環境の変化が生じていることを受け，最新の医学的知見を踏まえて「脳・心臓疾患の労災認定の基準に関する専門検討会」が取りまとめた報告書（2021年7月16日）を基に改正がなされたものである。

主な改正点は，以下のとおりである。

① 長期間の過重業務の評価にあたり，労働時間と労働時間以外の負荷要因を総合評価して労災認定することを明確化した

【改正前】
　発症前1カ月におおむね100時間または発症前2カ月間ないし6カ月間にわたって，1カ月あたり80時間を超える時間外労働が認められる場合について業務と発症との関係が強いと評価できることを示していた。
【改正後】
　上記の時間に至らなかった場合も，これに近い時間外労働を行った場合には，「労働時間以外の負荷要因」の状況も十分に考慮し，業務と発症との関係が強いと評価できることを明確にした。

② 長期間の過重業務，短期間の過重業務の労働時間以外の負荷要因を見直した

労働時間以外の負荷要因の見直しを行い，下線の項目を新たに追加した。

労働時間以外の負荷要因	
勤務時間の不規則性	拘束時間の長い勤務
	休日のない連続勤務
	勤務間インターバルが短い勤務　※「勤務間インターバル」とは，終業から次の勤務までをいう
	不規則な勤務・交替制勤務・深夜勤務
事業場外における移動を伴う勤務	出張の多い業務
	その他事業場外における移動を伴う業務
心理的負荷を伴う業務　※改正前の「精神的緊張を伴う業務」の内容を拡充	
身体的負荷を伴う業務	
作業環境　※長期間の過重業務では付加的に評価	温度環境
	騒音

③　短期間の過重業務，異常な出来事の業務と発症との関連性が強いと判断できる場合を明確化した

　業務と発症との関連性が強いと判断できる場合として，以下の例を示した。

短期間の過重業務	発症直前から前日までの間に特に過度の長時間労働が認められる場合
	発症前おおむね１週間継続して，深夜時間帯に及ぶ時間外労働を行うなど過度の長時間労働が認められる場合
異常な出来事	業務に関連した重大な人身事故や重大事故に直接関与した場合
	事故の発生に伴って著しい身体的，精神的負荷のかかる救助活動や事故処理に携わった場合
	生命の危険を感じさせるような事故や対人トラブルを体験した場合
	著しい身体的負荷を伴う消火作業，人力での除雪作業，身体訓練，走行等を行った場合
	著しく暑熱な作業環境下で水分補給が阻害される状態や著しく寒冷な作業下での作業，温度差のある場所への頻回な出入りを行った場合

④　対象疾病に「重篤な心不全」を新たに追加した

【改正前】
　不整脈が一義的な原因となった心不全症状等は，対象疾病の「心停止（心臓性突然死を含む）」に含めて取り扱っていた。
【改正後】
　心不全は心停止とは異なる病態のため，新たな対象疾病として「重篤な心不全」を追加した。「重篤な心不全」には，不整脈によるものも含む。

13 労災保険特別加入制度の適用拡大

　自転車配達員（ウーバーイーツなどフードデリバリープラットフォームサービスに業務委託として従事する者）およびITフリーランサーについて，2021年9月1日から労災保険特別加入制度の適用拡大がなされている。

　自転車配達員は配送中の自動車との接触事故，ITフリーランサーは長時間のデスクワークや不規則な生活リズムによる心筋梗塞や狭心症，腰痛，ヘルニアのほか，長時間労働の過度なストレスによる精神障害，階段からの転倒などが災害リスクと指摘されている。

　新規の特別加入を求める場合，業種ごとにつくられる特別加入団体を通じて加入申請する。労災保険料については，加入する特別加入者が希望する給付基礎日額と事業ごとの保険料率によって算定され，保険料を加入者が自ら全額納付する。

　これら特別加入の対象者が請負・業務委託か雇用か否かは実態をもって判断されるものであり，労働者性が認められる場合には，発注者である「使用者」が労災保険の適用を行わなければならない。新たに特別加入の対象となる請負・業務委託等についても，就労の実態等について再点検を行っておく必要がある。

14 その他，押さえておきたい最近の改正事項

(1) 改正高年齢者雇用安定法の施行

　2021年4月1日より，改正高年齢者雇用安定法が施行され，企業には70歳までの就業機会の確保が求められている。具体的には，以下の5つの選択肢の中から措置を講じる努力義務が課せられている

70歳までの定年引上げ／70歳までの継続雇用制度の導入／定年廃止／70歳

まで継続的に業務委託契約等を締結する制度／70歳まで継続的に社会貢献
事業に従事できる制度

(2)　副業・兼業，テレワークに関わる改正

　厚労省は2020年9月1日に「副業・兼業の促進に関するガイドライン」
を改定したが（ DL12 ），これを踏まえ，2021年7月には，「『副業・兼業
の促進に関するガイドライン』Q&A」の改定版（ DL13 ）を公表した。

　厚労省は2021年3月25日，「テレワークの適切な導入及び実施の推進の
ためのガイドライン」（ DL7 ）を公表した。

プロフィール --

北岡大介（きたおか・だいすけ）　特定社会保険労務士。1995年金沢大学法学部卒業，同年労働基準
監督官任官，2000年労働省退官。同年北海道大学大学院法学研究科入学，2005年同大学大学院法学研究科
博士課程単位取得退学。大手サービス業労務担当等を経て，2009年北岡社会保険労務士事務所を独立開業。
2020年4月から東洋大学法学部専任講師（労働法）。著書に『同一労働同一賃金はやわかり』（日本経済新
聞出版社）など多数。

（豆知識①）　賃金の電子通貨払いはできる？

　最近では，電子通貨による商品購入が当たり前になってきました。キャッシュレス化と感染防止という効果があるといわれています。

　それでは，賃金を電子通貨で支払うことはできるのでしょうか。2021年以降，労政審労働条件分科会でその可能性が検討されてきましたが，2021年4月に電子通貨払いのための「制度設計案（骨子）」をまとめたものの，その後の議論は進んでいません。なぜでしょうか。

　まず，労基法では「通貨払いの原則」が定められています。つまり，賃金については通貨で，直接労働者に，全額を支払わなければなりません。そして，この「通貨」は日本銀行券（紙幣）と硬貨（貨幣）とされていますから，電子通貨は含まれていないのです。また，「直接払い」の原則もありますから，電子通貨払いはおろか，銀行口座振込みさえも，本人の合意がある場合だけに認められた例外なのです。

　あわせて，電子通貨サービスを提供する「資金移動業者」が破綻したり，個人情報が流出するといったリスクを指摘する声もあります。

　そのため，電子通貨払いのための法改正までには，まだまだ議論が重ねられることになりそうです。

第Ⅰ章 4

2022春闘展望，労使の課題

労働政策研究・研修機構　リサーチフェロー　**荻野　登**

1　コロナ禍で顕在化した諸課題
2　コロナ禍の雇用情勢，働き方改革
3　岸田政権の賃上げ期待
4　連合の「未来づくり春闘」
5　経団連は「未来志向の労使関係」を強調
6　ポスト・コロナで直面する課題
7　今年は「壬寅（みずのえのとら）」

【ポイント】
◉賃金水準，経済成長，デジタル化の停滞・遅れが目立つ日本
◉岸田政権は，賃上げ政策を打ち出している
◉連合は，最低賃金，中小の賃上げを重視
◉経団連は，個々の企業に適した対応を各社に求める

　2021年に引き続きコロナ禍のなかで2022春闘を迎えた。感染収束の道筋はいまだ見えないものの，各国ともコロナとの共存の道を模索し，経済・社会活動を再起動させつつある。わが国の経済・雇用動向をみると，業種や企業によって業績のばらつきは大きいものの，回復基調にあることは間違いない。

　しかし，単純にコロナ前の水準に戻しただけでは，ポスト・コロナに向けた経済・社会活動の根本的な再起動にはならない。ここで確認しなければならないのは，コロナ危機のなかで顕在化した諸課題を見据えて，ポスト・コロナの新たな方向を見定めることだろう。その意味からも，今季交渉における労使間の話し合いはきわめて重要な意味合いをもつ。

1　コロナ禍で顕在化した諸課題

低い賃金水準

　2021年1月の連合・経団連トップ懇談会でも話題となっていたように，

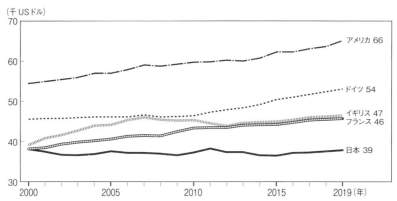

図1　年平均賃金額（ドル建て，購買力平価換算）

資料出所：OECD.Stat「Average annual wages in 2019 constant prices at 2019 USD ppps」（2021年4月2日現在）

図2　実収賃金（月次，前年同月比）

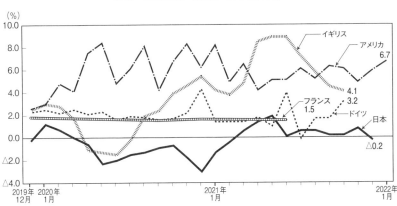

資料出所：日本：厚生労働省「毎月勤労統計調査」，アメリカ：アメリカ労働統計局「Employment, Hours, and Earnings from the Current Employment Statistics survey」，ドイツ，イギリス，フランス：内閣府「海外経済データ」

　ここにきて，先進国の後塵を拝しつつある日本の賃金水準に注目が集まっている。OECDのデータ（ドル建て，購買力平価換算）でみると，2000年以降，賃金水準で日本は他の主要国に比して顕著に低い状態が継続していることが確認できる（**図1**）。2020年時点で，1ドル＝110円とした場合の日本の平均賃金は424万円となり，35カ国中22位。日本は欧州各国の7〜8割，アメリカの6割弱の水準にとどまっている。とくにこの間，賃金の上昇が続いた韓国に追い抜かれたことから，賃金水準の停滞が際立つことなった。

　コロナ禍でも2020年以降，経済の回復と共に各国では前年比で賃金の上昇がみられるものの，日本はマイナスのままである（**図2**）。

デジタル化の遅れ

　また，官民ともデジタルトランスフォーメーション（DX）の推進を掲げているものの，デジタル化の遅れも顕在化した。2020年4月からの緊急事態宣言を受け，テレワークが一気に拡大した。当機構ではその推移を検証するためにパネルデータに基づく企業・個人調査と共に，筆者もかか

図３ 実質国内総生産（前期比，季節調整済）の
リーマンショック（2008年９月）とコロナショック（2020年）の比較

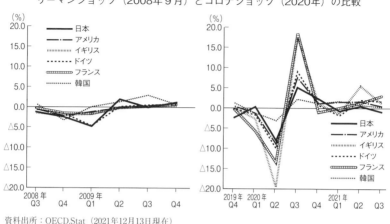

資料出所：OECD.Stat（2021年12月13日現在）

わった大手企業に対するヒアリング調査を実施した。

その結果，書類の脱ハンコ化・ペーパーレス化の遅れが，テレワーク普及の大きな障害となっていることが，明らかとなった。また，リモートワークに必要な社内におけるデジタルスキルが均質でないこともテレワークの普及の阻害要因となっていた。

2020（令和元）年版の「情報通信白書」によると，日本のICT関連の投資は1997年の20兆円をピークに漸減傾向にある一方，米国では30年間で４倍以上に増加している。こうしたデジタル化に不可欠なICT投資の停滞と是正されない長時間労働が，よく議論の俎上に上る日本の労働生産性の低さにつながっているとみることができる。

さらに，コロナ禍における先進諸国の成長率の推移をみると，日本の回復力の弱さが目立っている。**図３**にあるように，前回の世界的な景気後退期であるリーマンショックの時のGDPの動きは2009年に各国とも急激な落込みを記録した後，日本を含む各国はほぼ同じ経済回復の軌跡をたどっている。今回のコロナ危機はリーマンショックをしのぐGDP成長率の急激な低下があった。しかし，その後の回復力の軌跡をたどると，日本は依然としてマイナスに沈んだままで，今回は回復力の弱さが際立っている。

2　コロナ禍の雇用情勢，働き方改革

堅調な雇用情勢

　賃金水準や経済成長で停滞が目立つものの，コロナ禍にあって堅調に推移したのが，雇用情勢と働き方改革だったといえる。

　感染拡大防止のための経済活動の抑制により，2020年4月には就業者数，雇用者数が約100万人減少したが，その後，緩やかに回復。一方で，非労働力人口は4月に約100万人増と大幅に増加した後，緩やかに減少し，年内に元の水準に戻っている。休業者数は，2020年4月に前年同月差420万人増と急増したが，5月以降減少し，8月には前年同月比で約14万人増まで減少した後，おおむね横ばいで推移した。

　この間，新型コロナの感染拡大と共に完全失業率は悪化し，2020年10月に3.1％まで高まったが，その後は2％台で安定的に推移している。2021年平均の完全失業率は前年と同率の年率で2.8％だった。各国の最悪時の数値と比べても（ドイツ4.1％，韓国5.45％，イギリス5.2％，フランス9.0％，イタリア10.2％，アメリカ14.8％），雇用情勢の底堅さは際立っている。また，金融機関による資金繰り支援などによって，倒産件数も低水準で推移している。

　この背景には，新型コロナウイルス対策で特例措置を講じている雇用調整助成金（緊急雇用安定助成金を含む）がある。厚生労働省「2021（令和3）年版労働経済の分析（労働経済白書）」によると，雇用調整助成金等による完全失業率の抑制効果を推計すると，その支給により2020年4〜10月の完全失業率が2.1％ポイント程度抑制されたと見込まれている。その反面，雇用調整助成金等の支出は，成長分野への労働移動を遅らせ，雇用保険財政の逼迫といった負の影響をもたらしている点には留意が必要である。

進展する働き方改革

　2年以上にわたるコロナ感染拡大のなか，着実に進展したのが働き方改革だといえる。労働時間については，働き方改革関連法による時間外労働の上限規制の導入（大企業：2019年4月，中小企業：2020年4月施行），年5日の年次有給休暇の確実な取得（2019年4月施行）等を背景に，2019年，2020年と比較的大きく減少した。とくに，年次有給休暇の取得率（厚労省・就労条件総合調査）は2019年に大きく上昇し，2020年の年次有給休暇の平均取得率は56.6％で過去最高となった。

　賃金については，働き方改革関連法の同一労働同一賃金（雇用形態間の不合理な待遇差の解消）に関する規定の大企業での施行（2019年4月，中小企業：2020年4月施行）等を背景として，2020年には感染拡大の影響があったにもかかわらず，パートタイム労働者の特別給与が増加した。

　JILPT（労働政策研究・研修機構）の「同一労働同一賃金の対応状況等に関する調査」（2021年）によると，半数超の企業が，「パート・有期社員等の待遇面の見直し」を行っており，その内容としては，①基本的な賃金，②昇給，③賞与，④通勤手当，⑤慶弔休暇の順で多かった。

3　岸田政権の賃上げ期待

「新しい資本主義」を標榜

　2021年10月に発足した岸田政権は，「新しい資本主義」を標榜。岸田首相は同26日に主要閣僚と民間有識者・労使トップなどで構成する「新しい資本主義実現会議」を立ち上げ，同政権が目指す「成長と分配の好循環」による新しい資本主義の実現に向けて，あらゆる政策を総動員するとした。11月8日に同会議が発表した緊急提言では，「従業員に賃金の形で分配してはじめて，消費が拡大し，消費拡大によって需要が拡大すれば，企業収益が更に向上し，成長につながる。分配戦略は，成長を支える重要な

基盤である」と主張。新しい資本主義を起動させるためには賃上げが不可欠との認識を示している。

　同会議のメンバーには経団連の十倉雅和会長ら経済団体のトップと連合の芳野友子会長も含まれており，2021年11月26日の第3回会合では，賃金と人的資本について議論し，岸田首相は2022年の春闘では業績が回復した企業に対して3％超の賃上げを期待すると要望した。

「賃上げ」のための政策

　「賃上げ」を促進させるため，政権はさまざまな政策を打ち出す。過去3年低下傾向にある賃上げ水準を一気に反転させるため，あらゆる手段を講じて企業が賃上げをしようと思える雰囲気を醸成するねらいがある。

　最初に着手したのが，「賃上げ促進税制」。従来の制度を見直し，法人税額から差し引ける控除率の最大値について，大企業で給与総額を前年度比4％増やした企業を対象に現在の20％から30％，中小企業では2.5％増やした場合に25％から40％に引き上げた。

　続いて「保育士・看護職員などの賃上げ」。公的価格のあり方を検討する公的価格評価検討委員会を設置し，その報告に基づいて，2022春闘に先立ち，保育士・幼稚園教諭，介護・障害福祉職員を対象に収入を継続的に3％程度引き上げるための措置を2月から実施する。また，看護職員に対し段階的に収入を3％程度引き上げるため，予算編成で必要な措置を講じた。

　第3は「中小企業の賃上げ支援策」のテコ入れ。原材料費，エネルギーコスト，労務費の上昇分などを適切に転嫁し，支払能力を確保できるよう，下請Gメンを倍増。公正取引委員会と中小企業庁が事業所管省庁と連携し，問題となる事例を幅広く把握し，問題が多い業界には，立入調査や要請を行う。また，企業規模にかかわらず，企業が発注者の立場で，取引先との共存共栄の取組みや「取引条件のしわ寄せ」防止を代表者の名前で宣言する「パートナーシップ構築宣言」を進める。宣言数は2022年2月上旬で6,000件を超えた。

　さらに2022年1月17日の施政方針演説では「最低賃金の引上げ」に言及し，「早期に最低賃金が全国平均で1,000円以上となるよう見直しに取り組

む」と表明。現在の全国加重平均の最低賃金は930円なので，３％超が２年程度続くと1,000円台に到達する計算になる。

　いずれにしても，岸田政権は政策を総動員して，「新たな資本主義」の実現に向け，「賃上げ」を起爆剤にしたいとの意向がきわめて強い。

4　連合の「未来づくり春闘」

「人への投資」を積極的に求める

　このように政府が「賃上げ」を促進させるための施策にテコ入れするなか，連合は「2022春季生活闘争方針」を12月２日の中央委員会で決めた。方針では，今こそ現状を動かし，主体的に未来をつくっていくことが「労働運動の社会的責任」と強調する。そのために，経済の後追いではなく，経済・社会の活力の原動力となる「人への投資」を積極的に求める「未来づくり春闘」を展開するとの姿勢を示している。

　自動車・電機などの金属関係の大手産別が主導し，中小・非正規に相場波及させるトリクルダウン型春闘が行き詰まっていることもあり，「底上げ」「底支え」「格差是正」の取組みにより重点を置いている。

　そのため，中小企業や有期・短時間・契約等で働く者の賃金を「働きの価値に見合った水準」に引き上げるとし，引上げ幅ではなく，これまで以上に絶対水準を重視。この取組みによって，産業内・企業内における「分配構造の転換につながり得る賃上げ」の重要性を改めて認識するよう促す。

具体的要求基準

　具体的な正社員向けの賃上げの要求基準は前年と同様ながら，非正規の社員に適用される企業内最低賃金の協定額を前年から50円積み増し，1,150円以上とした。

　各組合は月例賃金の改善にこだわり，それぞれの賃金水準を確認しながら，以下の賃金要求指標のパッケージに基づいて，要求を組み立てる。パッ

ケージではまず,「底上げ」の指標として,2021春闘と同様に「賃上げ分
2％程度,定期昇給相当分（賃金カーブ維持相当分）を含め4％程度の賃
上げを目安」とする。規模間の「格差是正」に向けた指標としては,「目標
水準」として,35歳289,000円（前年287,000円）,30歳259,000円（同256,000
円）,「最低到達水準」を35歳266,250円（前年258,000円）,30歳243,750円
（同235,000円）に設定。雇用形態間の「格差是正」に向けては,①昇給
ルールを導入,②昇給ルールを導入する場合は勤続年数で賃金カーブを描
く,③水準については,「勤続17年相当で時給1,750円・月給288,500円以
上」となる制度設計を目指す。「底支え」としては,企業内のすべての労働
者を対象にした企業内最低賃金協定を締結。締結水準は,生活を賄う観点
と初職に就く際の観点を重視し,「時給1,150円以上」を目指すとしている。

　交渉リード役となる自動車総連,電機連合,JAM,基幹労連,全電線
の5産別労組でつくる金属労協（200万人）の「2022年闘争方針」では,
金属産業は業績回復基調にあり,2021春闘よりも賃上げの環境は改善して
いることから,すべての組合が賃金構造維持分を確保したうえで,3,000
円以上の賃金改善に取り組むことを基本とした。「賃上げ獲得組合数と引
上げ額の拡大」を目指す。

　主要産別の賃上げ方針では,産業・企業業績の動向を踏まえて,電機連
合,基幹労連等で2021春闘を若干上回る要求水準を設定しているものの,
押しなべて前年並みの要求に落ち着いた。とはいえ,要求の結集軸を明確
にして,2021春闘以上の成果を目標に掲げる点は共通している。

5　経団連は「未来志向の労使関係」を強調

　対する経営側は連合などの方針を踏まえて,2022年1月18日に経団連が
交渉指針となる「経営労働政策特別委員会報告」（経労委報告）を発表し
た。十倉会長の序文では「成長と分配の好循環」の実現にとって重要な「成
長」に全力に取り組むことが「社会的責務と認識している」と表明。その
鍵を握るのがデジタルトランスフォーメーション（DX）とカーボンニュー

トラルの実現を目指すグリーントランスフォーメーション（GX）の推進で
あるとする。そのためには，天然資源に乏しいわが国では「ヒト」が最も重
要な経営資源であることから，働き手のエンゲージメントを重視した「働き
方改革フェーズⅡ」への深化，「ダイバーシティ＆インクルージョン」によ
る多様な人材の活躍推進，新たな成長分野・産業への円滑な労働移動によっ
て，生産性を高め，イノベーションを加速しなければならないと主張する。

　今季交渉に向けては，「企業の責務として『賃金の引上げ』と『総合的
な処遇改善』に取り組み，働き手に適切に配分することが一層重要にな
る」と表明し，賃金・処遇の向上に積極的に応じる姿勢を示した。

　また，日本型雇用システムのメリットを活かしながら，必要な見直しを
行い，各企業にとって最適な「自社型雇用システム」の確立を提唱する。
加えて，中小企業のさらなる発展に向けて，サプライチェーンのデジタル
化の加速や，「パートナーシップ構築宣言」の推進による取引適正化，大
企業との連携強化を強調している点が注目される。

　報告では，連合の「2022春季生活闘争方針」への見解として，企業と働
き手を取り巻く環境変化への対応の必要性や，コロナ禍で影響を受けてい
る産業・企業への配慮など，基本的な考えにおいて経団連と共通している
部分は多いと評価。他方，賃金要求で，「定期昇給相当分含め4％程度」
という指標を掲げていることに対しては，業種や企業で業績がばらつく
「K字型」回復の様相が長期化するなか，「一律ではなく，個々の企業に適
した対応を検討することが現実的である」とくぎを刺す。

　経営側の基本スタンスとしては，「『K字型』の景況のなか，22年の春季
労使交渉においても，各企業が自社の実情に適した『賃金決定の大原則』
に則って検討し，『賃金引上げ』と『総合的な処遇改善』に取り組んでい
くことに変わりはない」と表明。岸田政権からの社会的期待も考慮に入れ
ながら，企業として主体的な検討が望まれると呼びかけている。そのうえ
で，収益が高い水準で推移・増大した企業においては，「ベースアップの
実施を含めた新しい資本主義の起動にふさわしい賃金引上げが望まれる」，
また「自社の基本給の水準を踏まえて，単年度だけではなく，複数年度に
わたる方向性を含めて検討することも考えられる」との文言を挿入するな

ど，労使による継続的な賃金水準の議論も必要とした点が注目される。

　最後に，「未来志向の労使関係を目指すことが望まれる」と結んでいる。

　その後，連合と経団連のトップは1月26日に懇談会を都内で開催し，「春季労使交渉をめぐる諸問題」について意見交換した。連合の友野会長はサプライチェーン全体で生み出した付加価値の適正な分配がきわめて重要だとし，「そのためには『人への投資』の充実が欠かせない」と訴えた。議論を受け十倉会長も「人への投資」の重要性や，ダイバーシティ＆インクルージョンの推進，中小企業における賃金引上げに向けたサプライチェーン全体での取組みなど，「課題認識は共有できていると改めて感じた」と応じた。大枠で両団体の認識のすり合わせは，進んだといえそうだ。

6　ポスト・コロナで直面する課題

DXの加速と人材不足

　2年を超える新型コロナとの闘いのなか，日本の弱みがより明確になった。デジタル化の遅れを放っておくと，成長の再起動に不可欠な機械化・自動化やAIの活用等によるDXの加速は望めない。テレワークの調査と現在，JILPTがOECDの依頼を受けて実施しているAIの導入が職場に与える影響に関する事例調査（国際比較）に従事するなか，デジタル技術を活用したイノベーションなしに，ポスト・コロナに向けた新たな成長は起動しないとの感を強くしている。そのためにも，「人」「技術」への投資を通じたイノベーションを起こさなければならない。

　ポスト・コロナでは，コロナ前から顕在化していた人手不足が加速するだろう。JILPTのパネルデータによる企業調査によると，時間の経過と共にすべての分野で不足超過の割合が増している。特に，「デジタル化を担う人材」「現場の技能労働者」で不足感が相対的に高い一方，「事務職」の不足感は小さい。少子高齢化に伴う恒常的な人手・人材不足の深刻化を踏まえると，女性・外国人・障がい者・高齢者のさらなる活用・就業促進が

不可欠になってくる。

緊急事態宣言後にテレワークの実施率は低下し，揺り戻し現象がみられた。しかし，事例ヒアリング調査で共通していたのが，「コロナ前には戻らない」との意見だった。DXの推進のためにもテレワークと出勤を組み合わせたハイブリッドな働き方を各社とも展望していた。こうした流れは不可逆的なものといえる。

そして，働く場所・時間だけでなく，キャリア形成の自律化を展望する企業も複数あった。これまでのメンバーシップ型とジョブ型（IT関係の高度専門職等）のハイブリッド化を検討し，兼業・副業の許可などを組み合わせて，人生100年時代に向けたキャリアの自律化を構想している企業もあった。2022年の『経労委報告』が指摘するように，ポスト・コロナは新たな雇用・就業ポートフォリオの再構築による自社型雇用システムへのリセットが進むものとみられる。

懸念される物価上昇

雇用・就業システムの見直しは，中長期的な課題だといえるが，足元で最も懸念されるのが物価の動向だろう。原材料・エネルギー価格の高騰で，欧米では人手不足も加わって，コストプッシュによる40年ぶりともいわれるインフレへの懸念が日増しに強まっている。日本の場合，まず企業物価にその影響が顕著に表われ，徐々に消費者物価にも及びつつある。

春闘を前にしたこうした動向は，価格転嫁が適正に行われない場合，サプライチェーンを含めた賃上げの大きな阻害要因になる。また，消費者物価が急伸し，賃上げが停滞した場合，「成長と分配による好循環」は実現すべくもなく，「悪いインフレ」だけが進行する。その意味からも，今季の賃上げ動向はきわめて重要な意味をもつ。

7　今年は「壬寅（みずのえのとら）」
──芽吹きの時，本格的なイノベーション起動を

2022年は「十二支」では寅年だが，陰陽五行説の「十干」が組み合わさ

り60年で一巡する「干支」では「壬寅」となる。つらく厳しい冬が終わり，草木が芽吹き，生命力があふれる春の到来を意味する。ポスト・コロナはまさにそうした芽吹きを期待せずにはいられない。

　過去を振り返ると，60年前の1962年は高度成長が本格始動した年で，1961年から池田内閣は「所得倍増計画」を掲げた結果，1964年から12年連続で10％超の賃上げが実施されていく。海外に目を転じるとほぼ120年前の1903年には米国でフォード・モーター・カンパニーが設立され，同年ライト兄弟が初飛行を成功させ，20世紀をけん引する産業が芽吹く。

　ただし，こうした芽吹きを成長に導くためには，イノベーションが欠かせない。例えば，フォードは1896年，まだ「自動車」という名称がない時代に「馬なし馬車」を試走，1908年に技術の粋を尽くした「Ｔ型フォード」を発売し，大量生産・大量消費の米国型資本主義が世界経済をリードする。「馬なし馬車」から100年後の1995年にWindows95がリリースされてインターネット時代が到来する。その後，さまざまなイノベーションを結びつけ，インターネットの爆発的な普及につながるiphoneは2007年に発売される。

　こうした過去の流れを踏まえると，これまでのIT革命はこれから本格化するイノベーションのプロローグだったのではないか。今日，世界的なプラットフォーマーであるGAFAに席巻されてはいるものの，AI等を活用した革新的なイノベーションはこれからではないか。イノベーションとは天才による発明ではなく，さまざまな人・技術・情報との「結合」が重要となる。日本が強みとしてきた，すり合わせ・蓄積型のイノベーション力を発揮すべき時なのではないかと期待したくなる。

　「ポスト・コロナ」を見据えて，新たな成長を起動させることができるのか。交渉結果に，これまで以上に注目が集まる春闘となりそうだ。

プロフィール---

荻野登（おぎの・のぼる）　1982年日本労働協会入職，2003年独立行政法人労働政策研究・研修機構発足と共に調査部主任調査員，調査部長，主席統括調査員，労働政策研究所副所長を経て，2019年4月からリサーチフェロー。『平成「春闘」史』『65歳定年に向けた人事処遇制度の見直し実務』（共著）ほか著作・論文多数。

（豆知識②）　女性活躍

　2021年は，女性が国内組織のトップに就いたというニュースが目立った年でした。6月は，人事院（国家公務員の人事管理を行う行政組織）総裁に川本裕子氏が就任。前任の一宮なほみ氏に引き続いての女性総裁となり，ニュースになりました。2021年の人事院勧告の談話や公務員人事管理に関する報告の内容は，これまでになく具体的な内容で，民間の動きより先行する部分もあり，話題になりました。

　それから，10月にはナショナルセンター連合（加盟組合約700万人）の会長に芳野友子氏が選出されました。女性会長の就任は初めてです。12月に発刊された『2022連合白書』の巻頭言は，これまでより大変わかりやすい語り口に変わりました。

　さて，41頁にありますように，2022年4月1日から，各社における女性労働者の活躍を進めるための行動計画の策定・届出，情報公表が，101人以上300人以下の企業にも義務化されます。どう変わっていくでしょうか。

第II章

人材マネジメント見直しの視点

【ダイジェスト】コロナ禍におけるテレワークの進展は，1人ひとりの仕事と処遇のあり方を見直す契機となった。自社が求める人材をどう採用し，どう活躍してもらうか。2021年の「同一労働同一賃金」を経て，2022年以降は高年齢者処遇への対応も求められる。ネクストコロナに向けた事業再編時にも人事・労務の課題は多い。

自社にふさわしい人事制度とは

日本賃金研究センター コンサルタント 村越 雅夫

【ポイント】
- 人事部は，狙いとそれを実現するために選択した制度について，経営者と社員にしっかり伝える必要がある
- どんな制度にも効果と副作用（デメリット）がある
- 制度の適合度を推定するために確認すべき点はある

　社会環境，経営環境，労働環境，労働者の意識が変化するなか，従来の人事制度では不具合が出てきている企業も少なくはないだろう。制度を見直すか，運用を見直すか，少しの修正にするか，大きく変えるか。他社の動向・世の潮流をどれくらい参考にすべきか……担当者の悩みは尽きない。日本賃金研究センター・コンサルタントの村越雅夫氏に，「自社にふさわしい人事制度」について聞いた。

1　人事制度の狙いの実現

——人事制度を見直すのは，1つには現在の人事制度の目的・狙いが実現できなくなってきたためだと思うのですが，それはどのように検証した結果なのでしょうか。

　狙いの実現度を検証するためには，まずは，現在の人事制度が導入された目的のレビューからが常道です。たとえば，ある会社の人事制度が職能資格制度だとすれば，導入の目的は何だったのかを確認し，それはどの程度達成できているのかを検証する材料が社内にそろっているかを確認することになります。

　検証材料は，もともとの人事制度の狙いによって変わってきますので一概にはいえませんが，一般的には，人件費の分析，給与分析，人事評価結果，人事管理情報などがあり，どこで，だれがどんな役割で，どんなことをどう解決してきたかといった情報でしょう。また，従業員満足度調査なども検証材料です。

——たとえば，"今の人事制度では人材育成ができていない"というとき，それは何を検証した結果なのでしょうか。

　その場合，もともと「人材育成」とはどういうことなのかの，その会社で定義がはっきりしていることが前提となります。それがあれば，「人材育成」の水準や，育成にかける時間についての「モノサシ」ができているはずですから，それに沿って検証したのだと推測されます。

——新しい人事制度にする時も，そこには「狙い」が当然あるということですよね。

　「狙い」は人事政策や人事制度を見直したり，目的の到達水準を測って

いくうえでの必須条件です。

　たとえば，ジョブ型制度に変更したいという企業があるとします。これまでは，処遇決定の主な要素が長期的な個人の能力の変化で，賃金制度が年功的に運用され，生産性に関係なく人件費が年々増大していた。そこで，生産性や会社業績でコントロールできるウエイトを増やしたい，「ジョブ型というツール」を使うことにしよう，といった狙い，シナリオが必要です。

　あるいは，ライン長が育っていないので，ジョブ型を入れてライン長の職務を明確にし，育成しようといったようなケースもあります。つまり，ジョブ型にしてどうしたいのか，どうなってもらいたいのかが鮮明であることが前提条件で，導入後の　PDCA（Plan（計画）・Do（実行）・Check（評価）・Action（改善））が肝心です。

　人事部門は，その狙いとそれを実現するために選択した制度について，経営や社員にしっかり伝えていかなければなりません。そのためには，目的と方法論の理解促進のための施策や，現場が実行する際の支援策が計画化されていることが必須条件となります。

　ジョブ型でいえば，推奨する経団連の資料をみると，ジョブ型で何でもできますよというふうに読めます。しかし，自社で実現できるかということはまた別次元の問題です。

　狙いを実現するためには，制度そのものを変えなくても，運用を変更するだけで可能という場合も多々あります。たとえば昇格・昇進基準を変えるとか，昇給の仕方を変えるとか，何らかの手立てで変化を促すことができることもあります。

2　もしも経営から指示が出たら

——経営（社長）のほうから，「ジョブ型に変えるように」というような趣旨の指示が来たけれども，人事としては，「変更した後の不具合が発生することは目に見えている」というような場合は，どうすればよいのでしょうか。

　だめです，無理ですと突き返すわけにはいかないでしょうから，変更を

前提に検討することにならざるを得ないでしょう。「変えること」は，どんな制度であろうと，効果もあれば副作用もあります。副作用がどの程度になりそうなのかを推測しておく必要があります。

　たとえばジョブ型制度にしても，副作用・デメリットがあります。自社にとってジョブ型導入の期待効果と副作用，メリットとデメリットとその程度も含めて判断材料として経営に提示してみる。できれば，副作用・デメリットを緩和させる対応策もあわせて提案することが，人事部門の腕の見せ所と言えるでしょう。

――人事政策や人事制度のパッケージ的なものをそのまま導入したり，変えたりすれば安心というわけではないのですね。

　自社にとってはどうかの読みを入れたうえで，パッケージ的なものを利用するかどうかを決めればいいと思います。変更の仕方や程度についても，全体変更か一部変更か，どこから変更するかということも，副作用・デメリットの対応策の１つとして考えて，自社での味付けや工夫を加えていくことが変更の成否を分けるでしょう。

――別の言い方をすれば，各社の人事制度の中身は，各社各様ということでしょうか。

　各社の事例をみると，さまざまな工夫をされていることがわかります。たとえば，名称としては「ジョブ型」を使っているけれども，ジョブ分の給与への反映ウエイトや昇格・昇進への反映ウエイトは，かなり抑えている，あるいは，ジョブ型は通常フラットですが，少しずつ上昇させていく仕組みをとっているという企業実例はたくさんあります。

3　制度が適合するかどうかの見極め

――自社の制度を検討する際，こういう状況の時，このような制度がうまく適合するというセオリーのようなものはありますか。

　セオリーというようなものはないと思いますが，適合度を推定するために確認すべき点はあります。図をご覧ください。

　まずは，本当に制度導入，改定の必要があるのかという視点でのチェッ

第Ⅱ章　──人材マネジメント見直しの視点

図　人事政策を転換するときに，人事部門が検証しておくことはなにか……？

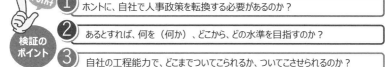

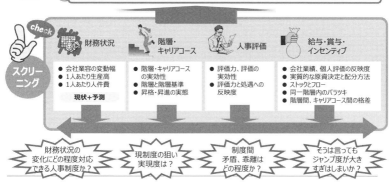

資料出所：村越氏による。

ク。そして，必要があるとすれば，何をどこからどうやって進めていくか。次に自社の工程能力。これには制度を変更した場合に人事部門だけでなく，経営，ライン長，現場社員の工程能力，実現可能な水準の予測のことです。

　たとえば，評価制度を変更する場合，評価を実施するライン長の工程能力や，今の評価力と新評価制度との乖離度，これまでにない新しい方向性の制度を導入する場合には，経営，あるは人事部門が社員に趣旨を説明し，納得させるという工程能力も含まれます。もし，工程能力に問題があるとすれば，その対策をどうするかが重要と考えられます。

──なるほど。

　財務状況も確認が必要です。この制度を入れることによって，財務的にどういう変化が生じるか。さらには，新制度によって，キャリア，管理職の数などがどう変化していくか。降格できる制度にしたとして，その変化に社員はついてくることができるか。実際はいろいろな問題が発生することが考えられますね。スペシャリスト制度を作ったものの，スペシャリストを評価できる人が社内にいなかったという話はよく耳にします。1つひ

とつ検討して，対策を考えて，うまく適合させていくしかありません。

――どんなに作り込んでも，評価者が使えなかったら意味がないということでしょうか。

評価制度については2つの考え方があると思います。

1つは，評価制度を変えるにあたって，変更後すぐに評価者が評価できないのは承知のうえというもの。評価者が徐々に鍛錬されて，使いこなせるようになると期待して，今の評価者の評価力から考えて高い水準の評価制度とする場合。この場合，変更にあたっては，評価者の教育もきちんと行うし，評価力がつくまでの当面は，あまり賃金に反映しないようにする，というデメリット対策がセットとなるはずです。

もう1つは，現状でも，この評価制度でうまくいくだろう，と確信をもって行うもの。どちらのやり方にするかは，各社の目的や考え方で決定されるものです。

――これまでのことと重複するかもしれませんが，新制度を自社にフィットさせるため，人事担当者として，気を付けるべき点はどんなことでしょうか。

そもそも論に戻りますが，たとえば，わが社の経営戦略が，短期志向なのか，中長期志向なのか，そして，人事制度はそれに合致しているのかをまず確認することです。

たとえば財務的に短期業績にこだわるのか，それともプロセスを重視するのか，その考え方に人事制度は合致しているのか。また，個人技重視なのか，それともチーム重視なのか，社内の競争を重視したいのか，それとも会社全体の利益を重視したいのか，人材育成についてはどんなことを養成したいのか，会社としての重点はなにか，といったことがあります。言葉にすると簡単なのですが，現実は複雑に絡み合っているので，制度改定もありますが，実際には制度自体のPDCAと運用での人事部門のコントロール，工夫をすることは不可欠と考えられます。

――本日はありがとうございました。 （2021年6月10日収録）

プロフィール --

村越雅夫（むらこし・まさお）　1957年生まれ。学習院大学法学部卒業。金融機関，医療関連製品メーカーを経て，1996年よりコンサルタント。

福利厚生をどう見直すか

労務研究所　代表取締役／千葉商科大学会計大学院　教授　　**可児　俊信**

1　新型コロナ前までの福利厚生の動向
2　新型コロナ後の福利厚生の動向

【ポイント】
◉ バブル崩壊後はワーク・ライフバランス支援→ヘルスケア支援→ライフプラン支援へと移行
◉ 新型コロナ前までは，従業員属性の多様化を受けた，低コストでのサブスクリプションサービス，カフェテリアプランが基調に
◉ 新型コロナ後は属人的手当を縮小・廃止し，在宅勤務に伴う支援メニュー等へシフト

1　新型コロナ前までの福利厚生の動向

福利厚生の見直しの前提となる福利厚生の最新の動向について触れておきたい。まず，新型コロナ直前までの福利厚生の動向とその背景である。

(1)　少子化の進行による従業員属性の多様化，少子化・未婚化の進行

人口動態の変化は，人事戦略ひいては福利厚生に影響する。少子化と長寿化（両者を合わせて高齢化），未婚化等があるが，最も重要な変化が少子化である。出生数が減少すると，やがて新規労働力の減少につながる。20世紀までは，企業の中心的な労働力は既婚男性世帯主であり，終身雇用前提の正規従業員という属性であった。少子化で，その属性だけでは質的・量的に十分な労働力が確保できず，それ以外の多様な属性をもつ従業員を人財として活用するようになっている。

1)　従業員属性の多様化

大企業であっても，既婚・男性・世帯主・正規従業員以外の女性，非正規雇用，外国人，高年齢者，障害者，未婚者，LGBTQといった多様な属性を人財として活用するようになっている。

労働力の多様化を示すのが**表1**である。女性就業者の比率は5.3ポイント上昇している。女性は，数値には表われないが，質的な増加，つまり補助的ではなく中心的な労働力として位置づけられるようになっている。ワーク・ライフバランスという考え方の下，「出産するなら退職する」「仕事を続けるなら出産しない」という二択の状況を解決すべき，という社会の総意を得ることができた。

また，定年退職による労働力の減少を防ぐため，高年齢者雇用安定法等により60歳以降も働くようになっている。雇用障害者の労働者に占める比率はまだまだ高くはないが，在宅勤務が定着することで，場所的制約や対人折衝のわずらわしさの減少によっていっそう働きやすくなることが期待される。外国人は，日本に来るだけでなく，海外にいたままで日本企業の

表1　従業員属性の多様化の進行

	過去	現在
性別（女性就業者割合）※1	39.2%（1994年）	44.5%（2020年）
年齢（65歳以上就業者割合）※1	6.2%（1994年）	13.6%（2020年）
国籍（外国人労働者割合）※2	0.8%（2008年）	2.6%（2020年）
障がいの有無（雇用障がい者割合）※3	0.75%（2008年）	1.17%（2019年）
病気の有無（通院しながら働く者の割合）※4	25.5%（1998年）	34.9%（2016年）
LGBT ※5	―	約8～9％（2015～2020年）
働き方（非正規労働者割合）※1	20.3%（1994年）	37.2%（2020年）

資料出所：※1「労働力調査特別調査」「労働力調査」（総務省），※2「外国人雇用状況」（厚生労働省職業安定局），「労働力調査」（総務省），※3「障害者雇用の状況」（厚生労働省職業安定局），「労働力調査」（総務省），※4「国民生活基礎調査」（厚生労働省），※5「LGBT調査2018」（株式会社電通電通ダイバーシティ・ラボ）等

労働力となることも可能となりつつある。

　さらには，ネットを通じた就業が可能となることで，雇用契約ではなくフリーランスとしての業務委託契約での労働力も増えている。

2）福利厚生の変化

　多様な属性のニーズに対応する福利厚生を積極的に整備することで多様な属性の労働力が定着し，ダイバーシティ戦略の実現可能性が高まる。ただし，多様な福利厚生ニーズに対してそれぞれに制度構築すると，福利厚生費総額が増えてしまう。また，福利厚生運営の事務負担も増えてしまう。

　そのため，コスト・事務負担を抑えながら多様なニーズに応える福利厚生制度が求められる。具体的には，多様な福利厚生割引サービスをパッケージ化し，サブスクリプション（定額課金型）サービスを実現した福利厚生パッケージや，複数の福利厚生制度での給付をメニューとして1つの福利厚生費枠に収めるカフェテリアプランである。

(2)　重要な福利厚生分野の変化

　人口動態の変化や従業員属性の多様化は，重要となる福利厚生分野の変化を促した。それが図1である。

　福利厚生は，20世紀末と2003年以降の間で大きく変わった。その間には，バブル崩壊後の不況期がある。

　福利厚生は人口動態の変化と景況・雇用情勢の変化という大きく2つの

図1 環境変化と福利厚生

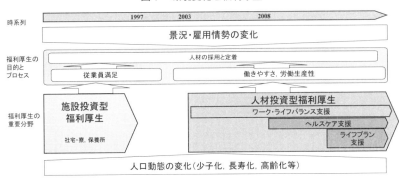

資料出所：可児俊信『新しい！日本の福利厚生』（労務研究所）掲載図表を加筆

外部環境に影響される。2000年前後はリストラと称して人員削減が行われた。福利厚生の大きな役割は人材の採用・定着であるが，当時はその逆の状況であり，福利厚生費はコストとして扱われた。2003年に景気が回復し，再び人材の採用・定着という福利厚生の役割が重視されるようになったが，そこで重要な福利厚生分野は変化した。それが施設投資型福利厚生から従業員投資型福利厚生への変化である。

社宅・寮による住宅支援や自社保養所提供を中心とする余暇支援から，ワーク・ライフバランス（育児・介護・女性活躍）支援，ヘルスケア（疾病予防・健康増進）支援，ライフプラン（老後資金準備，生涯キャリア開発）支援分野へと変化した。

福利厚生が施設投資型から従業員投資型へ変化したことで，福利厚生が採用・定着につながるプロセスも変化した。従業員投資型福利厚生となり，働きやすく成果を上げられ，自己の成長につながる職場や労働生産性の高い職場を提供することで，魅力のある職場として採用・定着につながるように変わってきたのである。

経団連（（旧）日経連）が，1999年に「日本型エンプロイアビリティ（企業に雇用され得る能力）」を報告書で提言している。これは会社で生き残るには，キャリア成長が必要であると読むことができる。以下，具体的な支援分野についてみていこう。

1）ワーク・ライフバランス支援

ワーク・ライフバランス支援とは，2003年以降の女性労働力をいっそう活用しようとする動きのなかで，育児支援や介護支援といった仕事と家庭の両立を支援し，ひいては女性活躍をいっそう推進する福利厚生施策である。託児費用やベビーシッター費用の補助，同じく介護にかかる費用の補助等である。事業所内託児施設も含まれる。

育児や介護にかかわる費用を支援するだけでなく，相談やセミナーといった情報提供での支援，在宅勤務・フレックスタイムといった育児・介護と仕事の両立をさせやすい働き方の提供まで広がりをみせている。

ワーク・ライフバランス支援は，国にとっては少子化対策である。少子化の原因が家庭と仕事が両立困難な日本の職場環境や働き方にあるという認識の下，国は事業主にその改善を促した。具体的には，2005年に施行された次世代育成支援対策推進法で事業主の育児支援対策を促し，その成果まで求めている。所定の目標を達成した企業には「くるみんマーク」を付与することで企業にもインセンティブを与えた。

その後も育児休業や育児短時間勤務の付与の義務化，雇用保険財政を活用した育児休業給付金の引上げ，健康保険での出産育児一時金の増額，産休・育休中の労使とも社会保険料の免除等，充実が続いている。介護においても介護休業の利便性の向上，介護休業給付金の引上げ等がある。また，「働き方改革」のなかで病気治療との両立支援も重視されてきた。

2）ヘルスケア支援

ヘルスケア支援の福利厚生は，従業員の心身の疾病予防と健康増進を支援する福利厚生である。この分野は，国が先行した。2008年にメタボ対策が健康保険組合を含む保険者に義務づけられ，2016年には健康保険法でインセンティブ性のある保健事業を行うことが努力義務とされ，ヘルスケアポイント制度が普及をみせている。

事業主が積極的に従業員の健康管理にコミットする経営上のメリットが見いだされ，「健康経営」が経営戦略として重視されるようになった。経済産業省が中心となって「健康経営格付」「健康経営銘柄」「健康経営優良法人（ホワイト500)」等の認定制度が作られた。

　具体的なヘルスケア支援の福利厚生としては人間ドックやその他健診費用の補助，電話・Web・面談による健康相談サービス，フィットネスクラブとの法人契約や利用料金の補助等がある。

　一方，職場のストレスを原因とする過労死や精神障害による自殺等といった「オフィスでの労災」の件数が急増し，その後も高止まりしている。国も2015年にストレスチェックを義務化したが，その結果を職場改善につなげることが求められている。メンタルヘルスについては，カウンセリング，ラインでの研修の実施のほかに，職場内のコミュニケーションの活性化がある。メンタル不全の原因は異動・転勤といった人事上のストレスや長時間労働，人間関係等であるが，その発症を防ぐのが職場内のコミュニケーションである。コミュニケーション活性化に資する福利厚生には懇親会費や職場でのイベント開催費の補助がある。社員食堂を無料化し，コミュニケーションの場とする事例もある。

3）ライフプラン支援

　ライフプラン支援は，従業員のライフプランづくりの支援である。大企業であっても従業員の生涯を丸抱えで保障できなくなったため，従業員自身による自立的なライフプランづくりの支援に重点をおくこととなる。

　長寿化で老後生活資金の総額は多く必要となり，従業員が自助努力で老後の資産形成を行わざるを得ない。以前は事業主が住宅ローンの利子補給や社内預金・財形の奨励金を支給してきたが，現在ではセミナーやFP（フィナンシャルプランナー）相談で情報提供を行ったり，職場NISA（ニーサ，少額投資非課税制度）や確定拠出年金のマッチング拠出（会社が拠出する掛け金に加えて加入者本人が掛け金を上乗せして拠出する仕組み），iDeco（イデコ，個人型確定拠出年金）を積み立てられるよう規約を改定したりといった，従業員による資産形成の機会提供が主な施策である。

　また「人生100年時代」で，生涯にわたって通用するキャリアを形成し，所得を得ることも必要となった。事業主は，自己啓発やキャリア開発を支援することに加えて，副業や兼業を積極的に推進して培った能力を社外でも通用する普遍性のあるものに高めていく支援を行うべきである。

2　新型コロナ後の福利厚生の動向

(1)　急激な経営環境変化に対応する人事制度見直し

　急激に経営環境が変化している。SDGs対応やESG（環境，社会，企業統治への配慮）対応，国内の人口減少といった新型コロナ以外の要因もあるが，新型コロナ蔓延ですべての変化が加速した。コロナの影響を直接受けた業種はもちろん，伝統的な製造業でも従来の需要に対応した生産・販売では，これからの成長・存続は難しいと考えられるようになった。

　企業は，この経営環境の急変において従業員にいっそうの期待をかけている。具体的には，次の3つである。

> ①　成果・実績型の報酬体系にさらに移行し，それに伴い住宅手当，家族手当・食事手当といった属人的な手当を縮小・廃止
> ②　与えられた業務をこなすだけでなく，自律的・積極的に能力開発・発揮を行う従業員を育成
> ③　環境急変下の企業を支える人財として若手社員にいっそうの期待

1）属人的手当の財源化

　こうした従業員支援を強化するための財源とみなされているのが，属人的手当である。住宅手当・家賃補助，家族・扶養手当，食事手当といった報酬は，成果・実績に基づく報酬体系とマッチしない。すでに大企業では正規社員だけに支給されてきた手当は見直される方向にあるが，その動きがさらに加速される。

　属人的手当を廃止した原資を，若手社員や能力開発，さらには多様化する従業員ニーズに対応するため振り向ける。属人的な手当の縮小・廃止をポイント原資とするカフェテリアプランの導入も目立っている。

　カフェテリアプランは，従業員全員に同じポイントを付与する。全員に

再配分することで，結果的に若手の報酬配分が手厚くなる。報酬のリバランスと福利厚生運営を一体で変更できる。

2）社宅・寮の利用料の見直し

大企業，とくに製造業では，手当だけでなく社宅・寮制度の見直しも行われようとしている。ただ，転勤施策の円滑化・新卒採用の容易化等の役割があり，廃止されるものではない。

こうした住宅支援が手厚いこと自体は望ましいが，従業員が多様化し，そのニーズに応える従業員投資型福利厚生に対応する原資が不十分であるなら，その原資を社宅等の住宅支援から振り替えなければならない。

そこで使用料の適正化（引上げ），社宅定年の新設・短縮，入居・入寮要件の厳格化といった費用軽減を目的とする見直しが行われ始めている。

住宅関連費用のなかの住宅費用は，社宅・寮の賃料から入居従業員が負担する使用料を差し引いた事業主の実質負担額である。さきに述べた使用料の引上げ等の諸改定を通じて住宅費用を削減し，それをカフェテリアプランのポイント原資に振り替えている。

労働組合からの反発も予想できるが，下記の点を訴求して交渉する。

---

① 今後必要な多様な働き手を支援するために住宅以外の福利厚生が必要であること
② 社宅・寮に入居していない従業員が大半であるため，この見直しによって大半の従業員が経済的利益を享受できること

社宅・寮入居者の経済的負担の増大に対しては，

・使用料の引上げを数年かけて段階的に行う
・カフェテリアプラン導入後も社宅入居者にはポイント配分を傾斜させ，既得権をある程度残す

といった経過措置を要望される可能性が高い。

(2)　新しい勤務環境に対応する福利厚生施策

在宅勤務者が増加することに端を発して，下記のように新たな人事課題が発生している。

ア）在宅勤務に伴う従業員の業務上の費用負担

イ）在宅勤務者の心身の健康管理

ウ）在宅勤務ができない職種との公平性

エ）在宅勤務下で副業・兼業が容易となり，実績を積んでフリーランスとして退職する懸念

オ）従業員が職域に集合することを前提にしている福利厚生施策（社員食堂，集合イベント，クラブ活動）の見直し

カ）資産形成・保障の募集が行いにくいこと

こうした状況に対して，「ア」「イ」「ウ」に関連しては，通勤手当を振り替えて在宅勤務手当を支給する企業もあった。または通勤費用やオフィスの水道光熱費の軽減分を原資に，カフェテリアプランを導入する企業もある。そのメニューに，在宅勤務に必要な事務用品の購入，業務に使用した自宅の電話代・電気代・通信料をポイント申請できる。フィットネスクラブ料金，メンタル相談といった疾病予防費用を支援するメニューも設置する。在宅勤務ができない職種の従業員は，ポイントを他のメニューに消化できるため，不公平感はない。

「エ」については，潜在的な懸念であり具体的な対応事例をみていないが，成果・実績に基づく報酬体系への移行をいっそう進めることで報酬増を図る，または副業・兼業を積極的に推奨し，従業員のそうした動向をみえるようにするという対策が考えられる。

「オ」については，オンライン飲み会やウエブを通じた全員参加型のイベントを実施する事例もあるが，まだまだ様子見が多い。共済会や職員互助会で旅行や懇親会といった集合イベントを実施しているところは，福利厚生パッケージの導入に踏み切るところもある。これにより旅行やレ

ジャー，飲食を割引で利用でき，従前の集合イベントと親和性がある。

(3) 従業員多様化への取組み

多様な属性の従業員ニーズに対応する事例は，「ハタラクエール」受賞法人でも多くみられる。大きく分類すると，外国人就業者への支援（相談窓口の設置，メンター制度等），病気治療との両立支援（通院や治療通院のための特別有給休暇等），障がい者への支援，LGBTQへの支援などがある。

なお，「ハタラクエール（正式名称：優良福利厚生表彰・認証制度 https://fukurikosei-hyosyo.com/）」は，福利厚生の充実と活用に意欲のある法人（企業，団体，自治体）を表彰する制度である。応募法人の福利厚生の充実が客観的に評価され，認証されると，学生や求職者の採用において有利に働くことが期待される。また勤務する従業員・職員にも，福利厚生水準の高さが示され，ワークエンゲージメントの強化につながる。

福利厚生は新型コロナ下で見直しが求められていると同時に，最新の福利厚生に再構築する絶好の機会でもある。本稿を参考にしていただければ幸いである。

プロフィール--

可児俊信（かに・としのぶ）　1983年東京大学卒業，明治生命保険相互会社入社。1991年明治生命フィナンシュアランス研究所（現明治安田総合研究所）を経て，2005年より千葉商科大学会計大学院会計ファイナンス研究科教授，2006年よりベネフィット・ワンヒューマン・キャピタル研究所所長，2018年より労務研究所代表取締役。1996年より福利厚生・企業年金の啓発・普及・調査および企業・官公庁の福利厚生のコンサルティングにかかわる。著書，寄稿，講演多数。

第Ⅱ章 3

レポート：新しい雇用調整の動き

ジャーナリスト　溝上　憲文

1　広がった異業種雇用シェアリング
　　（在籍出向）
2　今後も増加すると見込まれる
　　希望退職者募集
3　増加する業務委託契約（フリーランサー）

【ポイント】
◉ 新型コロナウイルス感染拡大下，「異業種間の在籍出向」という新しい取組み
◉ 産業雇用安定センターや政府も「異業種間の在籍出向」を支援
◉ 希望退職者募集は，「雇用維持型」と「新陳代謝型」の二極化
◉ 正社員が業務委託契約に変わる動きも

1　広がった異業種雇用シェアリング（在籍出向）

新型コロナウイルス感染拡大が始まった2020年以降，雇用環境においては，これまでにはない大きな変化が見られた。その1つが雇用維持を目的に自社の従業員を異業種に出向させる「雇用シェアリング」（雇用シェア）だ。

現在の職場（出向元）との雇用契約を維持したまま別の職場（出向先）で一定期間働く「在籍型出向」のことである。在籍型出向自体は企業グループ内では広く実施されており，資本関係がなくても不況期に製造業を中心に同業種間で実施されてきた。しかし，今回は異なる業種間での在籍型出向という新たな取組みといえる。

(1)　一時的な人的過剰業界から人手不足業界へ

2020年5月，居酒屋大手のワタミが休業店舗の従業員を同じエリアの食品スーパーに出向させたり，食品デリバリーの出前館が「飲食店向け緊急雇用シェア」によって外食産業の人材を受け入れるなど民間の自主的取組みが始まった。その後，日本航空（JAL）やANAの家電量販店やコールセンターへの従業員の出向がメディアでも大きく取り上げられ，多くの業種・産業間で雇用シェアの動きが広がった。

感染拡大の影響や緊急事態宣言による自粛要請によって，事業の大幅縮小を余儀なくされた業種も多い。また，インバウンド需要の急減で，航空，旅行，宿泊業などの産業が大きな打撃を受けた。そうした業界では，雇用調整助成金などを活用し，雇用維持に努めていたが，一方ではコロナ禍で需要が増えた食品スーパー，ドラッグストア，家電量販店などの小売業や海外需要の拡大で生産を増強した自動車業界など人手不足の業界も存在する。人手が過剰になった業種から人手不足になった業種に人材を一時的に出向させる動きが広がった。

図1　出向・移籍の実績の推移

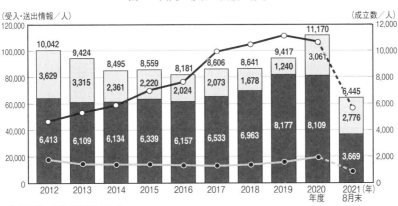

資料出所：産業雇用安定センター

(2) 政府もマッチング支援プログラムや助成金を強化

　政府もこうした動きを後押しすべく2020年6月，公益財団法人・産業雇用安定センター（1987年，当時の労働省（現・厚労省），日経連（現・経団連），産業団体などが設立）が「雇用を守る出向支援プログラム2020」をスタート。同センターはこれまでも企業間の出向・移籍の支援を無料で実施してきたが，新たに業界団体を通じて傘下の企業の出向に関する情報提供を通じて人材を送り出す企業と受け入れる企業のマッチング支援の強化に乗り出した。

　また，2021年2月，厚生労働省はコロナの影響で事業活動の一時的な縮小を余儀なくされた事業主が，在籍型出向により労働者の雇用を維持する場合に，出向元と出向先の双方の事業主に対して助成する「産業雇用安定助成金」を創設。もともと雇用調整助成金も事業主が在籍型出向を行う場合も支給対象とする仕組みがあったが，新たに出向先事業主も支給対象とするなど制度を拡充。出向元・出向先事業主が負担する労働者の賃金や研修などにかかる初期費用を助成することになり，雇用シェアが広がる契機となった。

実際に産業雇用安定センターが手がけた2020年度の出向成立数は3,061人。2019年度の2.5倍に増加している。月別の推移では2020年10月の126人から11月は283人と急増。12月以降は500人前後だったが，2021年3月は679人と増加に転じている。2021年度も4月以降500人前後の成立数で推移した（図1）。

(3) メリットと課題

出向元のメリットとして人件費の削減効果もあるが，従業員も出向先で新たな技能を磨いたり，ビジネスの知見を得られるなど個人のキャリア形成にも資するというメリットもある。しかし，一方で従業員を出向させたい，あるいは受け入れたいと思っても，どのようにして相手先企業を探せばよいのかマッチングの方法がわからないという課題もあった。

(4) 産業雇用安定センターが手がけたさまざまなケース

産業雇用安定センターが手がけた出向は，さまざまなケースがある。新型コロナ感染症が直撃した航空業界に，グランドハンドリングと呼ばれる航空会社の受付，案内の旅客業務や手荷物の搬送・積載の貨物業務などの業務を受託するビジネスがある。このグランドハンドリング業界で，従業員1,000人以上を抱えるスイスポートジャパンは，特殊な技術と経験を有する従業員の雇用を維持するために複数の企業に出向させた。出向先の1つが異業種の自動車関連の器具製造業。その会社は特定の車種で需要が堅調であることに加え，一部の海外需要が期待できることから，要員の確保が喫緊の課題であったが，これまでまったく想定していなかった業種のスイスポートジャパンから121人を受け入れた。

「この会社はこれまで派遣の受入れや期間工を採用していたが，なかなか採用が難しく，期待していた技能実習生も日本に入ってこない。グループ内出向でやり繰りするにも限界があり，なんとかならないかという相談があり，グランドハンドリングという想定していなかった業種からの出向となった」（産業雇用安定センター）

また，2020年11月には，ANAの受付・案内業務の従業員34人が食品スー

パーの成城石井に出向している。成城石井としては社会貢献に加え，航空業界の高い接客スキルが従業員の意識の向上につながることを期待し，受け入れたという。

　以上の2つは大企業同士で人数も多いが，同センターでは，中小企業同士の1〜2人程度の出向も手がけている。例えば地方の中国人専門の旅行代理店から保育園に1人出向させたケースもある。保育園の給食の調理補助者が育児休業することになり，非正規の採用求人を出していたが，出向に切り替えることを打診し，成立したものだ。

　あるいは，同じ運転手でも観光バスの運転手から精密部品輸送会社の運転手として出向したケースもある。訪日外国人旅行客を専門とする観光バス会社は，運転手を解雇してしまうとコロナ後に新たに確保しようとしても難しく，出向を活用して雇用維持を図りたいと相談。一方，精密部品輸送を専門とする会社は慢性的な運転手不足だった。観光バスの運転手であれば，精密部品輸送に求められる丁寧かつ繊細な運転が期待できることから2人の出向を受け入れることになった。

　人数は少なくとも，出向先を探し，出向元とのマッチングにかかる手間は基本的に変わらない。地道な作業の積み重ねが雇用の維持につながる。

　また，雇用シェアを通じて，休業と違い，コロナの収束後に備えた従業員のモチベーション維持を図るためのツールとして効果があることも注目を集めた。

2　今後も増加すると見込まれる希望退職者募集

　一方，コロナ禍で派遣やシフト制パートなど非正規社員の多くが失職を余儀なくされたが，正社員もリーマンショック後以来の希望退職者募集が相次いだ。上場企業の希望退職の募集企業・人数は2020年に93社，18,635人だったが，2022年は84社，15,892人。2年連続で80社を超えた（東京商工リサーチ調査）。コロナ禍の影響等で直近本決算の当期損益が赤字だった企業は56.0％だが，製造業を中心に4割以上は黒字企業だ。近年，業績にかかわらず人員削減が常態化している（図2）。

(1)　黒字企業が希望退職募集を行う理由

　さらに散見されたのが，60歳前の社員に限らず，再雇用者を含む60歳以降の社員も募集対象に加えていた企業である。なぜ黒字なのに人員削減を実施するのか。

　50歳以上の社員を対象に早期退職者募集を実施したサービス業の人事担当役員は，「新規事業を含めた新しい分野に挑戦していく方針を掲げているが，50歳を過ぎた社員は概して意欲に乏しく，新しい価値を生み出すとは思えない。当社は40代以上の社員が半数を占めるが，4年後には50代以上が30％を占める。今のうちに人口構成を正し，後輩世代に活躍の場を与えるなど新陳代謝を促したい。加えてこれまで長く年功的賃金が続いてきたことで50歳以上は非管理職でも賃金が高い。この状態を続けていけば会社の体力が耐えられなくなるという不安もある」と語っていた。

　つまり人員削減の理由は，①50代以上の社員は新しい仕事への意欲に乏しい，②人口構成の修正による若手の活性化，③コスト削減効果──の3つに要約できるだろう。

(2)　今後も続くことが予想される希望退職募集

　こうした前提に立つとコロナ収束にかかわらず，人員削減の動きは今後

図2　主な上場企業の希望・早期退職者募集状況

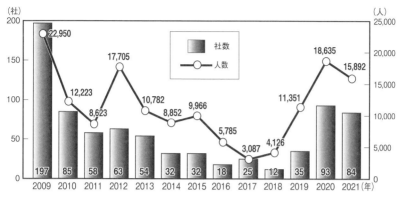

資料出所：東京商工リサーチ
（注）　1．募集人数で募集枠を設けていないケースは応募人数でカウントしている。
　　　　2．「会社情報に関する適時開示資料」などに基づいて作成。

も続くことを意味する。また，もう1つの背景として，70歳までの就業機会の確保を努力義務とする改正高年齢者雇用安定法の施行（2021年4月1日）とも無縁ではないだろう。バブル期入社世代の60歳到達が間近に迫るなかで高齢従業員を抱える負担を少しでも軽減したいという思いがあっても不思議ではない。

　労働人口減少による将来的な人手不足は企業共通の課題だが，前出の企業を含めて，人員削減を行う一方で中途採用を実施している企業も多い。コロナ禍のビジネス環境の変化やデジタル化推進を目的に外部から積極的に人材を調達する企業も増えている。こうした動きが加速すると，今後，日本の大企業は，従来の「雇用維持型」と，不要な社員を排出し，中途で新たに補完する「新陳代謝型」の二極化の様相を呈していく可能性もある。

3 増加する業務委託契約（フリーランサー）

　コロナ禍のもう1つの顕著な特徴は，業務委託契約で就労するフリーランスの増加だ。休業・廃業を余儀なくされた飲食店等の従業員がフードデリバリー配達員として働いたり，テレワークの普及によってフリーランスのITエンジニアも増加しているといわれる。

　企業のなかには2020年以降，役員を除いて正社員約20人全員を業務委託契約に置き換えたIT関連企業もある。同社の社長はその理由について，「長年，新卒採用にも力を入れてきたが，採用コストもかかるうえ，戦力になるには教育に時間がかかる。成長軌道に乗るにはどうすればよいのかを考えた結果，実績のあるプロ人材と契約することでビジネスを最速で立ち上げ，成長することができる」と語る。

　こうした動きについて，フリーランス専門サイトを運営する事業担当者は，「企業組織は，正社員と周辺の業務を担う非正規や一部業務委託契約の事業者などで構成されているが，今後，正社員が担う業務もフリーランスの専門人材が担うことになる」と予測する。1990年代後半以降，正社員が非正規に置き換わったように，今後，第3の形態として業務委託就労者が増加していく可能性もある

　雇用をめぐる環境や働き方がコロナ禍で大きく変容しつつあるなか，企業は雇用を含めた将来の人事方針の選択を迫られている。働く個人にとっては多様な選択肢が広がる一方，働き方に中立な社会保障制度の構築も不可欠だろう。

プロフィール--

溝上憲文（みぞうえ・のりふみ）　1958年鹿児島県生まれ。明治大学政治経済学部卒。『隣の成果主義』『非常の常時リストラ』『人事部はここを見ている』等著作多数。

新卒採用はどのように変わりつつあるか

採用コンサルタント／採用アナリスト　　**谷出　正直**

【ポイント】

- 企業の求める人材像がかなり詳細になっている
- オンライン研修では，仕事やキャリアの多様性や深みが伝わっていない可能性がある
- 対面での面接を行うには，「理由」が必要となる
- 「学生を選ぶ」のではなく，「学生に選ばれる」採用活動を
- 価値観，将来像，求める能力をマッチングさせる

1 22年卒（予定）組の採用状況は例年並み

コロナ禍によって企業の採用意欲は業界，企業によってばらつきが生じ，学生の就活状況も人によって格差が出た。すべてをならしてみると22年卒組の大卒求人倍率は1.50倍で，21年卒の1.53倍とさほど変わっていない（リクルートワークス研究所）。

最近の経済環境では，自動車メーカーなどコロナ禍で新卒採用数を落とした企業の業績が回復し始めている。航空会社やホテル，旅行代理店，百貨店なども，2年間採用数をゼロまたは少数に絞ってきたため，さらに新卒採用を止めたままでは社員の年齢構成がいびつになり，数年たつと企業活動に支障を来す不安を抱えている。そのため，コロナ禍が一段落すれば新卒や第二新卒の積極採用に転じると予測される。

このように新卒採用をめぐる環境をみると，コロナ禍による採用の厳しさはリーマンショックほどではなく，22年が底となり，再び採用競争が激化する方向に進むのではないかと考えられる。また，中長期的にみると少子高齢化が進む。少子高齢化のなかでも大学進学率の高まりから大卒就職希望者の人数は一定数で推移するが，その一方で，進学率の上昇は学生の学力レベルの幅を広げることにもつながる。結果として企業が求めるレベルの人材をいままでと同じ人数採用し続けることは困難になる。このことが会社存続を左右する最大要因になり得るのである。

2 ITやサステナビリティ関連の技術系を優先採用

新卒の有効求人倍率でわかるとおり，22年卒採用は数字的には昨年並みだが，採用活動の中身まで踏み込むとコロナ禍によって大きく変わっている。企業の求める人材像がかなり詳細になっているのである。

以前なら大学生を総合職で一括採用していた企業が，DX（デジタルト

ランスフォーメーション）やAI（人工知能），ビッグデータに秀でた学生を優先的に採用しようと動き出している。その背景にはIoT（モノのインターネット）やAI，ビッグデータを活用する第四次産業革命の進行があり，IT業界はむろん，FinTech（ファイナンス・テクノロジー）で様変わりしようとしている金融業界や証券，さらには建築業界など業界の垣根を越え，情報系学部の学生の採用が熾烈化している。そのような人材は，既存の20代，30代の社員を育てるよりは新卒で採用したほうが効率的，あるいは効果的と考えているのである。

　そこまでの専門性でなくても，ある程度，ITに精通した学生を欲しがっている企業もある。たとえば，テレビ局や広告代理店などだ。IT専門人材は社内で抱えず，社外の人で十分と考えているが，テレビや広告もデジタルへ移行中なので，外部とやり取りができる人材は必要である。IT人材との間で通訳したり，ディレクションしたりする学生を欲しがっている。

　また，世の中のSDGs推進の流れを背景に，脱炭素，脱ガソリン，再生エネルギーなどが企業の命題となり，その分野の技術系（理系）人材を求めている。

　このように第四次産業革命やSDGs推進を背景に熱望される学生がいる一方，文系で「事務職希望です」という学生は就職活動に苦戦している。まず，事務仕事がIT化，ロボット化され，採用枠が縮小している。そのうえ，どの企業もITに強い人材やサステナビリティ関連の事業を進める技術系人材を優先的に採用し，事務系はよほど優秀な人材を除いては後回しにする傾向が出ているのである。

3　オンラインの新人研修は何をもたらすか

　そのほか，コロナ禍の採用活動で気になる動きを2つあげておこう。1つは2020年4月に入社した社員のその後である。採用活動時は学生側の売り手市場で，会社説明会や面接は対面で行うことができた。入社直前になってコロナ禍が広がり，入社式や新人研修がオンラインに変わった世代

である。

新人研修がオンラインに変わったにもかかわらず，研修ツールを作り替える時間がなく，対面式研修を前提としたツールを使う企業が大半だった。そのため，研修担当者はコンテンツが十分に伝わっていないという思いが強かったようである。とりわけ「なぜ働くのか」「キャリアをどう作っていくのか」の部分が伝わりにくく，いつまでたっても学生っぽさが抜けず，社会人に脱皮できていないという感想を聞く。

筆者がかかわった研修の例を紹介したい。新人研修の最終段階で「配属されるとき，自分の希望と違ったらどうするか」をテーマにディスカッションを行ってもらった。驚くことに，多くの新人が「会社を辞める」と意見を述べたのである。社会人ならば「まずは与えられたところで成果を出す」「自分が気づかない適性を会社が見いだしている可能性がある」と考えるところだ。研修で，会社は 1 人ひとりの可能性を広げてあげたいと考えていることや，会社はさまざまな仕事で成り立っていることについて学んだ後でも，「希望と違えば辞める」と答えるのはいかにも子どもっぽく感じられる。

オンライン研修では自宅にいて自分 1 人で研修を受け，レポートを書いて提出する。先輩からの生のメッセージを聞ける機会もない。コロナ禍前であれば，先輩から「自分も配属は希望と違った。でもやっているうちに楽しくなって，振り返るとそれが天職だったと気づいた」といった話が聞けたものだ。それが新人にとって「社会人とは」「仕事とは」を問い直す絶好の機会となった。そのチャンスが失われたいま，仕事やキャリアの多様性や深みがうまく伝わっていない可能性がある。

企業のなかには，こうした反省に立って2021年 4 月入社者に対しては，研修のなかであえて雑談を増やし，社会人らしく仕事やキャリアを考えるきっかけを与えているところもある。

もう 1 つ，コロナ禍前から広がり始めた新卒紹介やスカウト型のサービスについて触れておこう。サービス会社が学生にプロモーションをかけて登録させ，企業に紹介したら企業から紹介料を受け取るという，いわば逆求人のようなサービスである。近年利用する学生が増えている。学生も

3万社，4万社ある企業のなかから1社を選ぶのが困難なので，こうしたサービスを便利だと感じているのだ。

　企業は新卒紹介サービスやスカウト型サービスをどう活用したらよいのだろうか。まず採用したい人物像を明確にし，どの方法なら採れるのかを吟味したうえで，コストに見合うかを考えてみるとよいだろう。

　採用単価で比較してみよう。従来から存在する就職サイトは掲載料が60〜70万円程度で，採用人数が増えるに従って採用単価が下がっていく。4〜5人採用できるなら安上がりの方法である。新卒紹介サービスは1人50〜100万円程度，スカウト型サービスは1人30〜50万円程度でとなる。

　先述したとおり，コロナ禍で企業は採りたい人材像をより具体的にしており，とりわけIT専門人材やサステナビリティ関連の技術系人材は簡単には採用できない。そうした採用課題とコストとを天秤にかけて新しいサービスを選ぶことになるであろう。ただ，新サービスの利用は，最初のうちはユニークな人材を採れるものだが，そのサービスが広がるにつれ採用できる人材も一般化していくのが常である。ベンチャー企業のなかには，面白い人材が採れると新サービスをいち早く活用してきたが，いまはそれほどの人材の紹介がないとして活用をやめているところも出ている。

4　対面にこだわると学生との接点がなくなる

　2020年度は企業の採用担当者にとって"オンライン元年"だった。本音は対面で採用活動を行いたいが，コロナ禍が広がるなかで悩みが深まった。それに比べると，2021年度は採用側も学生側もオンラインがあるのが前提である。学生のほうがむしろ大学の授業の大半がオンラインに変わり，オンラインでのコミュニケーションに慣れた感がある。

　採用活動の始まりは夏のインターンシップからだ。2021年はオンラインを使ったインターンシップが増えている印象がある。だからといって，全企業がオンラインにシフトしたわけではない。二極化しているといえる。

　積極的にオンラインを使っているのは，まずウェブ系の企業である。こ

の企業群はコロナ禍の前から業務でオンラインを使っていた。日ごろから
リモートワークがあたり前だし，以前，関東地方を襲った台風の影響で電
車が軒並み止まったときも，在宅ワークで十分業務を遂行していた。その
ため，オンライン採用に対しても戸惑いはまったくない。オンラインの活
用をより広げただけといえる。

　ウェブ系企業に加えて，大手製造業のように全国に多くの支社をもち，
テレビ会議システムを利用していたところや経営者のITリテラシーが高
い企業もオンライン活用にスムーズに移行できている。

　それに対して，経営者のITリテラシーが低い会社や，中小企業の多く
はオンラインにうまくシフトできていない。ほとんどリモートワークを経
験していないし，ITリテラシーがあまり高くないため，慣れている対面
式を好む。

　たしかに，学生の人となりの本当のところは直接会わなければわからな
い面もあるだろう。しかし，オンラインをいっさい使わなければ学生と接
触することさえできない。従来のように就職サイトに登録し，そこから問
い合わせてくる学生を待ち，会社に呼ぶという姿勢では，オンラインでの
会社説明会があたり前のいま，学生からの問合せがゼロの可能性も考えら
れる。

　はたしてオンライン慣れした学生が交通費をかけ，電車移動でコロナ感
染のリスクを伴ってまで会いに来るだろうか。その企業が第一志望であれ
ば無理をしても来社するだろう。そうでなければ，オンラインで会社説明
会を開いている企業を優先するはずだ。

　対面にこだわる企業はいま一度，学生が自社に抱く興味度と，学生が時
間やお金をかけて感染のリスクを増やしても来社してくれるのかを天秤に
かけてみる必要がある。

　このように考えると，コロナ禍では学生との最初の接触はオンラインを
選択することになるだろう。もしインターンシップをオンラインで実施し
ていれば，最初の面接で来社してもらうことも可能である。最初から対面
が譲れないのなら，「なぜ対面にするのか」，その理由が学生にとって納得
できるものでなくてはならない。例年どおりのスタイルだから対面で開く

としか言えないのであれば，学生に無視されてしまう。一次面接も同様だ。「なぜ対面でやるのか」，その理由が重要となる。今までのあたり前があたり前でなくなったのが，コロナ禍での採用活動なのである。

5　採用活動の本質は学生に「選ばれる」こと

　会社説明会や一次面接をオンラインで行う場合，最も大切なことはそれが終わった時点で，学生に「もっと詳しく話を聞きたい」「この会社の社員に会いたい」と思わせられるか否かである。その過程を経て，内定を出す段階で学生が「この会社で働きたい」と心底思えていれば，採用活動は成功だといえる。

　採用活動を成功に導く最大のポイントは，学生に「選ばれる」ことである。採用担当者のなかには勘違いして「学生を選ぶ」と考える人がいる。しかし，ここまで説明してきたように22歳人口が減り続け，いままでどおり採用できる時代ではないし，ほとんどの企業は学生の第一志望ではないはずだ。学生を選ぶのではなく，学生から選ばれるのが採用活動の本質なのである（**図**）。

　会社説明会で，ホームページを見ればわかる内容を話すのはもってのほ

図　採用活動の本質

企業と学生のお互いが
・理解
・魅力付け（志望動機形成）
・見極め
　　＋
・人間関係：信頼・信用・承認・憧れ

・採用活動
　・広報・選考
　・フォロー

・自社らしさ
・創意工夫
・一貫性

かだ。コロナ禍で自社の事業や働き方がどう変わったのかなど，会社の「今」を伝えなくてはならない。

たとえば，リモートワークなのかオフィス勤務なのか。全社員が出社していることが悪いわけではなく，その理由をきちんと説明することが重要である。多くの学生はニュースを見てリモートワークが時代に適した働き方だと思い込んでいるが，出社する理由に納得し賛同すれば，「ここで働きたい」と考える学生も出てくるだろう。

そのほか，副業の解禁や定年制など会社が設けている制度や仕組みの背景を語る。そのなかで，自社が考える定着の意味や，終身雇用の考え方をよく説明する。

また，面接では「学生時代にがんばったこと」「自分の特長，強み・弱み」「志望動機」が代表的な質問項目だが，なぜその質問をするのかを考えなければならない。そうでないと，学生時代のエピソードで，インカレで優勝したから「元気がありそう」とか，部活動の部長をしていたから「リーダーシップがありそう」など，エピソードの大小でバイアスがかかって本当に採用したい人かどうかが判然としない。質問の裏には，「なぜ，それを実行したのか」「どんな目標をもって取り組んだのか」「どういう思いで続けたのか」などを聞いて，学生の人となりや価値観を把握する目的があるはずなのである。

最近は志望動機そのものを聞かない企業も増えてきた。学生の第一志望なら志望動機もあるだろうが，そうでなければ学生はオンライン説明会をはしごしていて，たまたまアクセスしてきたケースが多いからである。その偶然性を活かすには，説明会や一次面接の場で，志望動機を尋ねるのではなく，志望動機を学生と一緒につくっていく姿勢が求められる。たとえば「どんな社会人になりたいか」を尋ね，自社で働くと3年後，5年後，10年後はどんな社会人になるのかを示し，その先で学生の夢がかなうことを説くのである。

会社説明会や面接は，企業が選ばれるために学生が欲しがっている情報を与えることが肝要だ。

6　学生と会社のマッチングで大切なこと

　採用活動は学生と会社のマッチングの場である。毎年，大学生の人気ランキングには有名企業がずらりと並ぶ。しかし，学生は知らない企業はあげられないわけだし，知名度があればよい会社なのかという点に迷いもある。有名企業でなくてもたまたまオンラインの会社説明会で知り，そこで働く人に共感し，無名な会社でも「ここで働きたい」と考えることはまれではない。

　そこで採用活動でミスマッチを防ぎ，うまいマッチングに導くためのポイントを3つあげておきたい。

①　価値観

　仕事や働き方に対する考え方である。社風と言い換えてもよいだろう。たとえばオフィスに外部の人が入ってきたとき，社員全員が立ち上がって「いらっしゃいませ」と声をかける会社もあれば，座ったまま無言の会社もある。

　無意識のあたり前，それが社風だ。学生が社風に共感すれば，規模の大小よりも社風で選ぶ確率が高くなる。

②　将来像

　会社がめざす未来と学生が「こうなりたい」と思う未来が同じベクトル上にあればマッチングしやすくなる。

　入社時には同じ未来をみていたのに，数年してミスマッチが生じ，退社するケースもある。典型的な例が，バリバリ働きたいとベンチャー企業に入ったのに，結婚や出産・育児で会社との方向性が違ってくる場合である。就職活動のときは仕事を通じて最大限自分が成長したいと願い，24時間働くこともいとわないと思っていたのに，実際に家庭や子どもをもつとそのような働き方が無理だとわかる。その途端，会社での未来がみえなくなり，転職を決意することになる。

③ 求める能力

既存の社員を基準として成果を出すための能力やコミュニケーション能力のレベルが学生にも備わっているかを見極める。

参考までに，採用担当者が心すべきことのうち，オンラインコミュニケーションの対策について，**参考表**に掲げておきたい。

参考表　オンラインコミュニケーションの対策

- 通信環境が一番，大事。有線接続のほうが安心。
- 本体と予備の２台を接続しておく。
- カメラの位置を目線に合わせる。
- 顔に光が当たるようにして，表情を伝える。
- 結論から，端的に話す。
- 話すスピードは早目にする。
- うなずくなどのリアクションを通常の1.5倍にする。
- 動画や映像との親和性が高いため，活用する。
- 一方的に話をしがち。相手に問いかける。
- 自らテンションを上げて，やりきる。
- 長時間の集中力は，もたない。適度に休息を入れる。
- 適度に休憩を入れながら進める。
- 参加者のITスキルを確認しながら行う。

プロフィール --

谷出正直（たにで・まさなお）　奈良県出身。筑波大学大学院体育研究科を修了。新卒でエン・ジャパンに入社。新卒採用支援事業に約11年間携わり，独立。現在は，企業や大学，学生，採用支援会社，メディアなど新卒採用や就職活動にかかわる方，約2700人と活きたネットワークを構築。企業の採用支援，企業や大学，学生に向けた講演や研修などを行う。NHK，日本経済新聞など各種メディアに年間120本以上のコメントやインタビューが掲載される。NHK「クローズアップ現代＋」に出演。筑波大学同窓会「一般社団法人　茗渓会」理事。

改正高年法を踏まえた制度見直し

多田国際社会保険労務士法人　特定社会保険労務士　　**多田　智子**

1　改正高年齢者雇用安定法
2　定年後再雇用をめぐる法的留意点
3　高年齢者の複線型人事制度
4　選択定年制度

【ポイント】
- 改正高年法では70歳までの就業機会の確保が求められており，5つの選択肢から措置を講ずる必要がある
- 高年齢層では個々人の背景にあった多様な働き方が求められる。複線型人事制度と選択定年制度による設計例を提示する

　日本では少子高齢化が進み，生産年齢人口の減少が深刻さを増すなか，定年を迎えたあともその能力を活かして活躍できる社会の実現が求められている。

　本稿では高齢者の活躍に向けて，法律上の留意点や法改正の内容を確認しつつ，より活躍できる制度設計を提案したい。

1　改正高年齢者雇用安定法

　高年齢者雇用安定法では65歳までの安定した雇用を確保するよう定められてきた。さらに，70歳までの就業機会の確保を定めた法改正が2021年4月より施行され，対応に追われている企業も少なくない。改正のポイントをまとめると，次の(1)～(2)のとおりである。

(1)　70歳までの就業機会の確保

　今回の法改正では，図のように70歳までの就業機会の確保を求めている。企業は労使での十分な話し合いのうえで，5つの選択肢のなかから措置を講ずる必要がある（努力義務）。適用にあたっては，採用する措置を提示し，個々の高年齢者との相談を経て適用することとされている。

　④⑤の措置で高年齢者と業務委託契約を締結する場合，高年齢者は自らの責任で仕事を調整し，完成させる義務を負う。成果物が不完全なものであれば事業主から不完全な点の補修や損害賠償を求められることもあるので，自律的に業務遂行できる人に向いているだろう。

(2)　創業支援等措置

　④⑤は雇用によらず業務委託契約等による働き方として「創業支援等措置」と呼ばれる。創業支援等措置を講ずる場合は，業務委託契約の方法や報酬支払いの仕組みを新たに決めなければならない。

　したがって，導入に際しては，措置の内容に関する計画を作成し，過半数労働者等の同意を得て，計画を労働者へ周知することが必要となる（④

図　改正高年法の概要

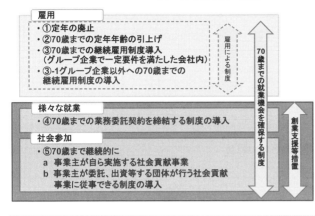

① 定年廃止：定年制を廃止する。

② 70歳までの定年引き上げ：定年年齢そのものを70歳まで引き上げる。

③ 70歳までの継続雇用制度導入：定年年齢に達したら定年でいったん退職。再雇用契約を締結して雇用延長。

④ 70歳まで継続的に業務委託を締結する制度の導入：高年齢者が新たに事業を開始する場合，事業主が当該高年齢者との間でその事業に係る業務委託契約等を締結する。

⑤ 70歳まで継続的に事業に従事できる制度の導入：以下の社会貢献事業を実施する者が，当該高年齢者との間で，事業に係る業務委託契約等を締結する。

　ａ．事業主自ら実施する社会貢献事業

　ｂ．事業主が委託，出資（資金提供）等する団体が行う社会貢献事業

※ 業務委託契約…事業主と高年齢者との間で業務に共通する契約を締結したうえ，個別に発注する業務の詳細は発注書において規定し，承諾することで個別契約が成立する流れとなる。

⑤の創業支援等措置と①～③の雇用の措置を両方講ずる場合は，過半数労働者の同意を得ることは必須とされず，「望ましい」とされる）。

なお，創業支援等措置を講ずる場合には創業支援等措置の実施に関する計画を作成する。高年齢者に委託する業務や事業に共通する基本的な事項を「創業支援等措置の実施に関する計画」にまとめ，具体的な業務や事業に関する委託内容，報酬額（支払金額），成果物の納期等の具体的事項を「個別契約（発注書）」として契約する例が想定されている。

1）労基法における労働者性の判断

創業支援等措置を行う場合は，直接雇用契約を締結しないため，労働関係法令の規制の対象外となる。よって，業務従事の指示等に対する高年齢者の承諾の自由を拘束しない等，労働者性のない働き方とする必要があり，実態として労働者性が認められる場合，創業支援等措置ではなく，雇用による措置として行うこととなる。「労働者性」の有無については，労働基準法研究会報告（1985年12月19日）の判断基準に基づき，実態を踏まえて個別に判断される。

〈労働者性の判断基準〉

1・2を総合的に勘案することで，個別具体的に判断する。
1　使用従属性
　(1)　指揮監督下の労働であるかどうか
　　イ　仕事の依頼，業務従事の指示等に対する諾否の自由の有無
　　ロ　業務遂行上の指揮監督の有無
　　ハ　拘束性の有無
　　ニ　代替性の有無
　(2)　報酬の労務対償性
2　労働者性の判断を補強する要素があるかどうか
　(1)　事業者性の有無
　　イ　機械，器具の負担関係

ロ　報酬の額
（2）　専属性の程度
（3）　その他

　業務内容が雇用時と同様であることだけをもって，創業支援等措置として，法律の趣旨に反するものとはならない。

　ただし，業務委託や社会貢献活動に従事する際に，

・事業主が指揮監督を行わない

・業務依頼や業務従事の指示等に対する高年齢者の承諾の自由を拘束しない

など，労働者性が認められるような働き方とならないよう，注意する必要がある。

2）70歳までの就業確保措置の対象者基準

　65歳以降では，就業確保措置の対象者とする基準を定めることができる。（例：継続雇用の基準。ただし「退職に関する事項」となるため，就業規則への記載が必要である）。また，創業支援等措置における業務委託契約等を更新しない，または解除する事由を定める場合には，実施計画に盛り込む必要がある。

2　定年後再雇用をめぐる法的留意点

（1）　無期転換ルールの特例

　2013年4月1日以降，同一の使用者との間で有期雇用契約が1回以上更新され，かつ5年を超えて反復継続している労働者からの申込みがあれば有期雇用契約から無期雇用契約に転換できる無期転換ルールが定められているが，定年後再雇用については，以下のような枠組みにしておいたほうがよい。

> ・適切な雇用管理に関する計画を作成し，都道府県労働局長の認定を
> 受けた事業主の下で
> ・定年に達した後，引き続き雇用される

すなわち，上記の場合は，特例として有期雇用労働者（継続雇用の高年齢者）については，その事業主に定年後引き続いて雇用される期間は，無期転換申込権が発生しない（第二種計画認定〈 **DL4** 〉）。ただし，事前に申請し認定を受けておく必要があり，65歳を超えて引き続き雇用する場合にも特例の対象となり，無期転換申込権は発生しないが，特殊関係事業主以外の他社で継続雇用される場合には，特例の対象にならず，無期転換申込権が発生する。

(2) 再雇用と同一労働同一賃金

再雇用にあたっては，短時間労働者や有期雇用労働者として処遇することも多いだろう。この場合は同一労働同一賃金の考え方が適用され，正社員といった通常の労働者との不合理な格差は禁止されることになる。

> ① 職務の内容（業務内容＋責任の程度）
> ② 人材活用の仕組み（職務内容・配置の変更範囲）
> ③ その他の事情

上記を比較した結果，通常の労働者と同じであれば，通常の労働者と再雇用者との処遇も同等とするようにし，①～③に違いがあれば，個々の待遇ごとに，その性質・目的に照らして不合理であってはならないとされる。

再雇用者の賃金設定も，この同一労働同一賃金の考え方の下で，基本給や各種手当などの待遇を設定する必要がある。代表的な判例である長澤運輸事件（最高裁第二小法廷平30.6.1判決，労働判例1179号34頁）では，①職務の内容，②職務の内容および配置の変更の範囲がおおむね同じとされ，以下の３点から③その他の事情として定年後再雇用制度が考慮された。

> ・定年制は，長期雇用，年功的処遇を前提に，人事の刷新等により組織運営の適正化を図るとともに，賃金コストを一定限度に抑制するための制度であること
> ・職務内容および変更範囲にとどまらず，経営判断の観点から労働条件を検討すること
> ・労働者の賃金に関する労働条件のあり方は，基本的には，団体交渉等による労使自治に委ねられる部分が大きいこと

　よって，今後の再雇用者の処遇決定において，職務内容および変更範囲にとどまらないさまざまな事情を考慮し，その過程において団体交渉等の正当な手続きを経ることがポイントとなる。

　また，判例では両者の賃金総額を比較することのみによらず，賃金項目の趣旨を個別に考慮すべきという考え方がなされている。したがって，定年後再雇用者にも原則，均衡待遇・均等待遇が適用となるため，賃金減額を行う場合は，①職務内容や②職務の内容および配置の変更の範囲（人材活用の仕組み）を変更し，差を設ける対応が望ましい。

　1と2を踏まえて，雇用制度と業務委託を選択できるようにし，整備し直したものが以下の就業規則例である（DL-A-1）。

定年および再雇用の就業規則例

（定年および再雇用の対象者）
第●条　定年は60歳とし，定年年齢に達した日（60歳の誕生日の前日）の属する月の末日をもって退職とする。
(2)　第1項にかかわらず，従業員が希望する場合は定年年齢に達した日の属する月の翌月の初日から65歳に達する日（65歳の誕生日の前日）の属する月の末日まで，嘱託社員として再雇用する。
(3)　65歳に達する日（65歳の誕生日の前日）の属する月の末日までの契約期間は，定年年齢に達した日の属する月の翌月の初日から1年ごとに契約を更新する。
(4)　65歳以後再雇用の対象者は，65歳に達する日（65歳の誕生日の前日）において

次の各号に定める基準をすべて満たし，65歳以後再雇用を希望するものとする。ただし，担当業務の縮小または消滅その他これに準ずる事情がある場合は，65歳以後再雇用しないことがある。

1．過去3年間の成績評価の平均がB以上の者
2．定年後再雇用時に懲戒処分を受けていないこと
3．過去3年間の出勤率が80％以上であること
4．直近の産業医による健康診断を受診し，その結果および産業医の診断を基に，勤務の継続に支障がない健康状態であると認められること。ただし，会社が指定する医師の診断を認めた場合には，これに応じ，その結果を基に勤務の継続に支障がない健康状態であると認められること

⑸ 70歳に達する日（70歳の誕生日の前日）の属する月の末日までの契約期間は，65歳に達する日（65歳の誕生日の前日）の属する翌月の初日から1年ごとに契約を更新する。

⑹ 65歳以後に業務委託契約を締結することを希望し，解雇事由または退職事由に該当しない者のうち，次の各号に掲げる業務について，業務ごとに定める基準のいずれにも該当する者については，70歳に達する日（70歳の誕生日の前日）の属する月の末日まで業務委託契約を継続的に締結する。なお，当該契約に基づく各業務内容等については，別途定める創業支援等措置の実施に関する計画に定めるところによるものとする。

① ○○業務においては，次のいずれの基準にも該当する者
 1．過去3年間の成績評価の平均がB以上の者
 2．当該業務に必要な○○の資格を有している者
② △△業務においては，次のいずれの基準にも該当する者
 1．過去3年間の成績評価の平均がB以上の者
 2．定年前に当該業務に○年以上従事した経験および当該業務を遂行する能力があるとして以下に該当する者
A ○○○○
B △△△△

DL-A-1

3　高年齢者の複線型人事制度

　高年齢層では，特有の事情として健康や家族の都合に対応するケースが少なからず出てくる。加えて，「優秀な人材が年齢でポジションをなくすのはどうか？」という論点も出てくるだろう。したがって，個々人の背景に合った多様な働き方に合わせた制度設計が必要となる。

　複線型人事制度とは，複数のキャリアコースを設定する人事管理の制度で，管理職や専門職など，複数の選択肢を用意するものである。高年齢者の再雇用下における運用においても，どのような形で働くかと処遇をコース別に決定する。果たすべき職務とその目標，職務に必要な能力と処遇制度が総合的につながるように設定していく。

　たとえば，以下のように複数のコースを設け，幅の広い制度設計とすることで，健康面や体力面など，多様化する高年齢者のニーズと会社のニーズを合致させることができる。

管理職・専門職コース設計例

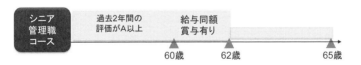

管理職は会社の任命により62歳まで，以降は嘱託またはアルバイトコースへ転換し65歳リタイア

シニア管理職コース　過去2年間の評価がA以上　給与同額賞与有り　60歳　62歳　65歳

・就業時間および休日は，社員と同等
・給与および手当は60歳前と同等だが，手当については再検討
・時間外手当　62歳までは支給対象外，63歳以降は嘱託コースと同様
・賞与は支給対象　　・退職金は支給なし

嘱託コース設計例

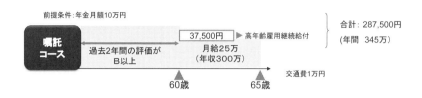

前提条件:年金月額10万円

嘱託コース

過去2年間の評価がB以上

37,500円 ▶ 高年齢雇用継続給付
月給25万（年収300万）

合計：287,500円（年間 345万）

交通費1万円

60歳　65歳

・就業時間および休日は，社員と同等
・転居を伴う異動はなし
・賞与は支給対象外
・管理職のような責任は負わない
・時間外手当は支給対象外
・退職金は支給なし

アルバイトコース設計例

前提条件:年金月額10万円

アルバイトコース

過去2年間の評価がC以上

22,500円 ▶ 高年齢雇用継続給付
月給15万（年収180万）

合計：172,500円（年間 207万）

交通費1万円

60歳　65歳

・人手不足に対応するために設定。就業時間および休日は，再雇用者の希望を基に個別に設定する（週3日等）
・転居を伴う異動はなし
・賞与は支給対象外
・時間外手当は支給対象外
・退職金は支給なし

（時間外勤務および休日勤務）
第●条　会社は，原則として再雇用者に対して時間外勤務および休日勤務を命じない。

(2)　前項の定めにかかわらず，業務の都合その他やむを得ない場合に，所属長は時間外勤務および休日勤務を命じることがある。

（休職事由）

第●条　再雇用者は最大で6カ月間の休職を認めることがある。ただし，期間については契約満了日を優先する。また，本人からの届出はないが，会社が休職の必要があると判断する場合は，休職を命じることがある。

(2)　休職期間は，特別の事情があると認められる場合には延長または短縮することがある。

(3)　休職期間中は無給とする。

(4)　休職期間が終了したときは自然退職とする。

(5)　復職，再休職の取扱いについては，就業規則に規定する復職または再休職の定めによるものとする。

（異動）

第●条　原則として再雇用者は異動の対象外とする。

(2)　前項の定めにかかわらず，会社は，業務上の都合，再雇用者の経験・知見・能力または健康状態等により必要があるとき，再雇用社員に対し異動（住所の変更を伴うものを除く）を命じることがある。

（永年勤続表彰）

第●条　永年勤続表彰の勤続年数算定については，再雇用前の勤続年数と通算する。

DL-A-2

4　選択定年制度

　65歳定年制の下，できるだけ65歳までは勤務してほしいと考える場合，一律の定年年齢を設定することは難しい。そこで，60歳以降65歳までの間で「自ら定年退職年齢を選択できる」制度が選択定年制度である。定年後再雇用のように1年ごとに契約更新していくのではなく，65歳まで正社員として働き，希望があれば定年年齢を60〜65歳の間で選択できることで，社員自らが，「どのように働くのか？　生活するのか？　楽しむのか？」を決めることができ，多様なニーズに対応できる。

　ただし，自由に選択できるといっても，「来月定年で退職します」と言われては困るため，厳格にルール化していくことがポイントになる。場合によっては，再雇用制度と65歳定年制を選択できるようにするのも1つの方法だろう（**DL-B**）。選択定年制を採る時のポイントを示していく。

定年退職日の統一化（年2回へ）

　人事異動の時期に合わせて定年は年2回とするのも一案だろう。定年とされる日を，対象者の誕生月の月末とする企業も多いが，定年退職者の説明や対応に追われ，人事の業務負荷になるためだ。

労働時間の細分化

　60歳以降の労働時間は，以下のバリエーションが考えられる。

① これまでと同様にフルタイム（残業あり）とする
② フルタイム（残業なし）とする
③ 短時間勤務とする

　例えば，定年によりいったん退職し，再雇用を希望する社員は，フルタイム（残業なし）とする。また，再雇用者は短時間勤務としてパートタイマーへの転換も可能とすることで，全員一律でフルタイム（残業あり）しかなかった制度を，多様な労働時間のニーズに対応できるように変えることができる。

選択定年制時の退職金

　選択定年制では，65歳より前に退職する場合は，各々の年齢で定年となるので，定年時に退職金を支給する。定年後に再雇用制度を利用して勤務しても，退職金の支給はないのが一般的だ。よって，金銭的な面も検討したうえで，制度を活用するようにしっかりと説明する必要がある。

選択定年制の規定例

（定年）

第●条　社員の定年は満65歳とし，定年退職の日は以下のとおりとする。

　1．誕生日が4月1日から9月末日までにある者…9月末日

　2．誕生日が10月1日から3月末日までにある者…3月末日

　※この条文における誕生日とは，年齢計算に関する法律による

（選択定年制度）

第●条　前条に定める定年退職日の前に，本人の希望により満60〜64歳の間で定年日を選択することができる。

⑵　選択できる定年日は，満60〜64歳の誕生日に応じて以下のとおりとする。

　1．誕生日が4月1日から9月末日までにある者…9月末日

　2．誕生日が10月1日から3月末日までにある者…3月末日

　※この条文における誕生日とは，年齢計算に関する法律による

（再雇用による選択定年制度の申出）

第●条　再雇用を希望する者は，原則として希望する選択定年退職月の1年前までに所定の申出書を人事部に提出しなければならない。

⑵　前項により申し出た後，再雇用が決定された者は原則としてこれを撤回することはできない。

⑶　雇用期間は1年ごととし，取扱いは別に定める再雇用規程によるものとする。ただし，原則，更新年齢の上限は65歳までとする。

DL-B

高年齢者に配慮した休職の定め

　60歳以降は健康上の理由で勤務できないリスクが増加する。65歳まで正社員として働くのであれば，休職制度においても，60歳以前と同様に設定し，社員のモチベーションを維持することも一案である。

　なお，再雇用制度を選択した場合は有期雇用者となるため，同一労働同一賃金についても論じる必要が生じる。**日本郵便（時給制契約社員ら）事件**（最高裁第一小法廷令2.10.15判決，労働判例1229号58頁）では，時給制契約社員についても，

「相応に継続的な勤務が見込まれるのであれば，私傷病による有給の病気

休暇を与えることとした趣旨は妥当」
とされている。

　「休職＝労務提供できない場合に，労務の免除をする解雇の猶予期間」
と考えると，正社員に猶予期間があって，短時間・有期雇用労働者に猶予
期間がないというのも，不合理ではないかとも考えられる。

　休職期間については，契約期間をまたぐ設定は行わないにしても，休職
期間満了までとしておくことが必要だろう。上記のことから，60歳以降も
正社員として勤務する社員には60歳以前と同年数，再雇用を希望する社員
については，契約期間の半分，もしくは契約期間満了まで，といった設定
にするのもよいだろう。

定年年齢の選択時期

　59歳時点で全員に定年年齢を決定して申請してもらうことも考えられる
（例：59歳時にAさんは63歳定年希望，Bさんは60歳定年希望と決めても
らう）。しかし，「これでは柔軟性が低いのではないか？」という懸念も出
てくる。そこで DL-B では，「本人が定年にしたい年齢の1年前までに申
請」としている。

◆

　高年齢者は，長年のキャリアのなかで高い技能・技術，広い人脈などを
身に付けているため，彼ら高年齢者を活用することには大きな利点があ
る。一方で，高年齢者の健康状態による就労ニーズの多様化，人件費負担
など，特有の課題もみえてきている。この機会に，どうしたら会社として
運用しやすい仕組みとなるか，現在の就業規則や再雇用規程を一度見直し
ておくことが望ましいだろう。

プロフィール---
多田　智子（ただ・ともこ）　多田国際社会保険労務士法人　代表社員。大手製薬会社に勤務後，
2002年8月事務所（現・法人）設立。2006年3月法政大学大学院イノベーションマネジメント専攻にて
MBA取得。2019年株式会社ムロコーポレーション　社外監査役就任。2021年日本化学工業株式会社　社
外取締役就任。著書に『改正労働基準法がすっきりわかる本』（ソーテック社）等多数。日経プラス10にお
いて年金，雇用調整助成金等の解説で不定期にテレビ出演。

雇用調整，組織再編時に配慮すべきポイント

加茂法律事務所　弁護士　**加茂　善仁**

1　会社分割と出向
2　事業譲渡と転籍
3　吸収合併と人員整理，配転，労働条件の変更

【ポイント】
- ◉ 会社分割における「主要業務従事者」は，原則的には承継会社に労働契約を承継される
- ◉ 事業譲渡先への転籍を業務命令で強制することはできない
- ◉ 事業譲渡先への転籍を拒否する社員は，異職種等への配転もやむを得ない
- ◉ 吸収合併後の人員整理，配転は可能である

　コロナ禍を経て事業再編に取り組む企業は少なくない。その際，事業構造の再構築と従業員の雇用確保をいかに図るか，という重要な課題が生じてくる。同時に，配転・出向・転籍といった労務管理上の対応にも的確な判断が必要となる。

　本稿では3つのケースを基に，参考となる裁判例を紹介しながら，事業再編に伴う雇用・労務管理上の留意点を整理する。

1　会社分割と出向

> **Q**　新規事業にかかわる部門を分割し，子会社（承継子会社）として軌道に乗せたい。当該部門の社員の一部を除いて新会社（承継子会社）に出向させ，軌道に乗った後に転籍に切り替える。分割部門で出向の対象とならない社員については，社内で他部署に配転したい。ところが，一部の社員は他部署への配転を拒否し，新会社（承継子会社）への出向を求めている。どう対応したらよいか。

> **A**　他部署へ配転を予定している社員が分割部門において主たる業務に従事しているならば，当該社員が承継子会社に労働契約の承継を求めるように異議申立権を行使すると，労働契約は承継子会社に承継される。したがって，当該社員には，承継子会社への出向対象としない事情を十分に説明し，理解を求める必要がある。

(1)　会社分割における「主要業務従事者」

　本ケースは，新規事業部門を会社分割（新設分割）し，当該部門に所属している社員の大部分は承継子会社に出向させ，一部は出向させず配転により他部署へ配置するものである。

　しかし，配転により他部署への配置を予定している社員は，もともと新

規事業部門に所属するものであり，いわゆる「主要業務従事者」として，本来であれば，会社分割により承継子会社に労働契約を包括承継されてしかるべき者といえる。

　したがって，これらの社員は，分割計画等に承継会社等がその労働契約を承継する旨の記載がない場合には，異議申出権がある。これは，このような場合には，労働者が，労働契約の承継が排除される不利益を被っているからである。この異議申出がなされると，異議を申し出た社員との労働契約は，承継子会社に承継されることになる。

(2) 労働契約承継法の手続きを経ない労働契約承継等

　会社分割に際し，労働契約については労働契約承継法（以下，承継法）によらず，承継会社に転籍で移籍させるとか，本問のように出向で対応するということもある。これは，承継法による承継は，「部分的包括承継」となるため，労働条件はそのまま承継されるので，承継会社での労働条件を違えたい場合には，承継法を使えないし，また，労働者から，いきなり承継会社等へ転籍することについて不安が述べられ，これを解消するために一定期間は出向で対応する等の事情があるからと考えられる。

　しかし，このような，会社分割手続きを利用しながら，労働契約については承継法によらずに転籍合意による転籍や出向で対応する方法がそのまま認められるとすると，承継法の趣旨が潜脱されてしまう。したがって，承継法によらない労使間の合意は，そのまま効力が認められるわけではないと考えられる。

裁判例① 阪神バス〈勤務配慮・保全抗告〉事件・大阪高裁平25.5.23決定，労働判例1078号5頁
　分割会社において，勤務配慮（労働条件の一部）を受けてきた労働者について，承継法に基づく手続きを取らずに，転籍同意方式に基づく労働契約の承継方法を採り，転籍後は勤務配慮をしないとの合意の有効性が争われた例
裁判所の判断→会社分割を行う場合には，承継法によらない合意はそのまま効力は認められない

---

(3) 会社分割において出向措置を取る場合の手続き

会社分割において，労働契約について承継法によらないで承継せず（分割計画書等において労働契約を承継する旨の記載をしない），出向で措置することもできないわけではない。

しかし，前述したように，主要業務従事者については，労働契約が承継されない場合には，異議申出権があるため，本問において承継子会社への出向対象とされない社員が，不満を抱いた場合に，同社員が異議申出権を行使すると，承継子会社に労働契約が当然に承継されることになる（会社分割において承継法を無視した手続きを取ることはできない）。

そのため，会社分割において労働契約を出向で措置する場合でも，承継法に定める手続きに従い，承継法7条の協議（労働者の理解と協力を得るための協議），商法改正法附則5条に定める労働者との協議を行い，分割会社は，通知期限日（株主総会の会日の2週間前の前日あるいは契約締結日もしくは計画作成日の2週間経過日後）までに，承継される事業に主として従事する労働者に，以下の所定事項を通知しなければならない。

> イ）当該労働者の労働契約を承継会社等が承継する旨の記載の有無
> ロ）異議申出の期限日　等

そして，このような手続きにおいて主要業務従事者のうち承継子会社への出向対象にしない社員に対しては，なぜ出向の対象にしないのかを十分に説明して，理解を得ておく必要がある。これにより，出向での措置を実行できることになる。

2　事業譲渡と転籍

> **Q**　不採算部門を事業譲渡することになり，当該部門の社員には，譲渡先に転籍するか，自社で全国展開をしている営業所に勤務するかを選択してもらいたい。社員がいずれも選択できない場合には，業務命令で譲渡先に転籍をさせたい。譲渡先会社から転籍を認められない社員については，異職種や県外等への配転を行ってよいか。この配転を拒否する社員は解雇することができるのか。

> **A**　転籍を業務命令で強制することはできない。転籍を拒否した社員，あるいは転籍を希望したが譲渡先会社が受け入れなかった社員については，異職種や県外等への配転もやむを得ない。当該社員が配転を拒否した場合，解雇回避努力を尽くしたといえるのであれば，整理解雇は可能である。

(1)　譲渡先への転籍命令

　リストラ策の一環として，採算の悪化した事業部門（工場なり営業所）を分社化したり，事業譲渡をして，当該事業部門に所属している従業員を分社化により設立した会社（新会社）や事業譲渡先の会社に転籍させるということが行われる。

　この場合に，まず，転籍を業務命令により強制できるのかが問題となるが，転籍は，転籍先を明示して労働者の個別の同意を得る必要があり，就業規則の規定（包括同意）に基づく業務命令で強制することはできない。

(2)　転籍拒否者に対する対応～配転

　転籍は，業務命令により強制はできないので，転籍を拒否した労働者については，譲渡会社は別の業務をアサインする必要がある。事業譲渡先へ

の転籍を希望していた者が事業譲渡先から転籍受入れを拒まれた場合に
も，同様となる。

しかし，不採算部門を事業譲渡した場合には，当該事業部門に所属して
いた労働者は，当該部門においては余剰人員となるので，譲渡会社は，他の
事業部門（営業所）・部署にこれらの労働者を配置する必要があり，他部門
での配置が可能であれば，まず，そこでの配置を考慮することが必要となる。

この点に関し，問題となるのが，配転先の業務内容や勤務場所である。
事業譲渡により従前の職場はなくなっているのだから，事業譲渡先への転
籍を拒否し，従前の身分のまま在籍する労働者については，適性が高いと
いえる職場はおのずと限定されるし，配転の業務上の必要性についても，
緩やかに判断されることになるといえる。

> **裁判例②** NTT東日本（首都圏配転）事件・東京地裁平19.3.29判決，労働判例
> 937号22頁
> 業務委託により新会社に業務を切り出し，新会社への移籍を拒否した労働者につ
> いて，担当業務がなくなったことから遠隔地に配転した例
> **裁判所の判断**→この場合の配転には，余人をもって替え難いといった高度の必要
> 性が求められるべきではないとともに，業務上の必要性についても，従前従事し
> ていた職務が会社内に存在していた場合と比べてより緩やかに判断されうるた
> め，異職種配転や転勤はやむを得ない

(3) 転籍拒否者に対する対応〜整理解雇

上記のような，他部門での配置が可能であれば問題は解決するが，配転
を拒否した労働者に対しては，整理解雇の問題となる。

事業譲渡によって，その事業に従事していた労働者については雇用の場
がなくなるから，譲渡先への転籍を拒否した労働者は，当該会社において
余剰人員となる。これらの労働者に対しては整理解雇の法理に従い，他の
事業所・事業部門への配転等，解雇回避努力を尽くすことが必要となる。

> **裁判例③** 千代田化工建設〈本訴〉事件・東京高裁平5.3.31判決，労働判例629
> 号19頁
> 赤字対策として工場を分離し，子会社化したことに伴う移籍を拒否した労働者に

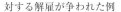

対する解雇が争われた例
裁判所の判断→整理解雇の法理に照らし判断されるべきであり，すでに移籍による効果を達しており，労働者を解雇しなければならない必要性はなかったものであり，解雇は解雇権の濫用により無効である

裁判例④ アメリカン・エキスプレス・インターナショナル事件・那覇地裁昭60.3.20判決，労働判例455号71頁
　地方の営業所を閉鎖して，ツーリストサービス業務を別会社に業務委託し，営業所の従業員を別会社に転籍させようとし，応じなかった従業員を解雇した例
裁判所の判断→整理解雇の法理が適用され，希望退職の募集，他営業所への配転，同一系列会社への出向などが考えられるにもかかわらず，解雇回避措置を取っていないため，解雇は無効である

　このように，事業譲渡により余剰人員となった労働者に対し，転籍命令で事業譲渡先への転籍を強制することはできず，他の部門での配置を確保する必要がある。

(4) 転籍受入れを拒まれた者に対する対応

　また，譲渡先が受入人数を制限するなどして，一部の労働者の転籍受入れを拒んだ場合の対応も(2)(3)と同様となる。そして，自社の他部門での配置の受入れを検討しても困難な場合（その他の解雇回避努力を尽くしたといえる場合）には，整理解雇を行うことができ，その解雇（整理解雇）は，有効と解される。

3 吸収合併と人員整理，配転，労働条件の変更

Q 売上げが激減している子会社を吸収合併したい。合併後には，子会社にいた社員について一定数の人員整理を行ったり（整理解雇），大幅な職種転換や転勤を求めたい。合併する子会社の労働条件の一部が親会社よりも充実しているため，合併後は，速やかに親会社の制度に合わせたいが問題ないか。

> **A** 合併後の人員整理は可能であり，就業規則の配転条項に基づくもので
> あれば，職種転換や転勤を求めることもできる。労働条件の変更が就業規
> 則の不利益変更にあたる場合は，労契法10条に従うとともに，旧子会社
> 従業員の大多数の理解を得て進める必要がある。

(1) 吸収合併

　吸収合併は，当事会社の1つ（存続会社）が存続して他の会社（消滅会社）の権利義務の全部を存続会社に承継させるものをいう。

　合併は，消滅会社の権利義務の全部が存続会社に包括的に承継されるので，消滅会社と労働者との労働契約関係は，個別的な合意を要せず，存続会社に包括承継されることになる。

(2) 吸収合併後の整理解雇

1) 整理解雇の有効性

　整理解雇が有効であるためには，第1に「人員削減の必要性」，第2に「解雇回避努力」，第3に「被解雇者選定の合理性」，第4に「解雇手続きの妥当性」が必要となるが，これら4つの事項は整理解雇の有効要件というべきものではなく，整理解雇の有効性を判断するに際しての要素として捉えるというのが，多くの裁判例といえる。

2) 不採算部門等の閉鎖と人員削減の必要性

　業績不振の子会社を吸収合併した場合，（子会社の）不採算部門の収益改善は不可避といえる。収益改善のためには，不採算部門を閉鎖したりあるいは譲渡（営業譲渡）したり，あるいは，革新的な業務運営システムを取り入れ業務運営を変更することになるが，これらの収益改善策を講ずることは，企業の合理的な運営上当然のことといえ，これに伴い生ずる余剰人員を整理することは合理性があると考えられる。

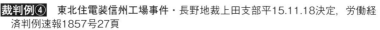

> **裁判例④**　東北住電装信州工場事件・長野地裁上田支部平15.11.18決定，労働経済判例速報1857号27頁
> 　吸収合併後，被吸収会社Ｓ社（合併後，存続会社のＳ工場となった）を閉鎖し，遠隔地へ転勤するか転勤できない者は退職するかの二者択一を求め，いずれにも応じなかった従業員を解雇した例
> **裁判所の判断**➡Ｓ社はすぐに経営が危殆に瀕するというほどではなかったが，今後も赤字が拡大するおそれがあり，Ｓ社を取り巻く事業環境を考えると，債務者と合併しＳ工場を閉鎖せざるを得なくなったことはやむを得ない

3）事業部門を廃止する場合における人員削減の対象

　事業部門を廃止する場合において，人員削減の対象は全社的にすべきか，それとも廃止部門だけでよいのかも争いとなることがある。

　全社対象に人員削減（たとえば，希望退職者を募集する）を行うことは，従業員間の公平性を保つことができるが，常にこれを必要とすることは，人員削減の目的からみて費用面，業務効率面，時間面などから合理化目的が減殺されることもなりかねない。したがって，この点についても個別事案ごとに，その当否が判断されるべきである。

> **裁判例⑤**　シンガポール・デベロップメント銀行〈本訴〉事件・大阪地裁平12.6.23判決，労働判例786号16頁
> 　東京と大阪の２支店をおいて商業銀行業務を行ってきた銀行が，大阪支店は収支改善の見込みがないため，閉鎖を決定し，大阪支店所属従業員のみを対象に希望退職者の募集を行ったところ，これに応じなかった従業員を解雇した例
> **裁判所の判断**➡全社から退職を募ることは，業務の混乱や従業員に無用の不安を生じさせることもあるし，希望退職者に付与する有利な条件による費用負担等の不都合を考慮すれば，閉鎖支店においてのみ希望退職を募ったことは不当とはいえない

4）部門閉鎖に伴う解雇回避努力と配転

　整理解雇が有効とされるためには，解雇に先立ち解雇回避努力を尽くすことが必要であり，その１つとして配転可能性があるにもかかわらず，それを検討せずになした整理解雇は，解雇権の濫用として無効となる。この関係で問題となるのが，賃金などの処遇が下がる場合，職種が大幅に変更

となる場合あるいは転勤となる場合等，労働条件が変更となる場合には，配転可能性ありといえるかである。

　労働条件の変更，特に賃金のような重要な労働条件については，労働者の合意がなければ一方的にこれを切り下げることはできないので，このような場合には，配転の可能性はないと考えるべきである。

裁判例⑥　ナショナル・ウエストミンスター銀行（二次仮処分）事件・東京地裁平11.1.29決定，労働判例782号35頁，同三次仮処分事件（東京地裁平12.1.21決定，労働判例782号23頁）
　部門閉鎖に伴い，閉鎖部門所属の労働者を年収が大幅に低下する部門に配転する提案を行ったところ，拒否されたため，解雇した例
裁判所の判断→余剰人員を他の部門に配転することが可能であるといえるためには，当該従業員の職種，能力の点で配転が可能であること，その配転によって配転先の部門に余剰人員が生じないことのほか，当該従業員が給与・待遇などの点で配転先において従前よりも不利益な取扱いを受けないことを要すると解するのが相当である
裁判所の判断→従前の賃金水準を維持したままでは他のポジションに配転させられなかったのであるから，雇用契約の継続は現実的には不可能であったということができ，雇用契約を解消することには合理的な理由がある

　これに対し，大幅な職種の変更や勤務場所の変更については，就業規則に配転条項があれば，これに基づき配置転換を行うことができる。

裁判例⑦　日産自動車村山工場事件・東京高裁昭62.12.24判決，労働判例512号66頁，最高裁第一小法廷平元.12.7判決，労働判例554号6頁
　生産体制の変更により，工場の車軸製造部門を大幅に他工場へ移転するに伴い，同部門の機械工らを従前の工場における新型車製造部門のコンベアーライン作業員等への配転を命じた例
裁判所の判断→対象者全員の配置換えは，企業経営上の判断としてあながち不合理なものとは言い難く，長年他の職種に従事してきた者がいることを考慮しても，労働力配置の効率および企業運営の円滑化等の見地からやむを得ない措置として是認しうる

---

(3)　吸収合併後の労働条件の変更

1) 吸収合併と消滅会社の労働条件

　吸収合併は，包括承継であることから，消滅会社の就業規則，労働契約等で定められた労働条件はそのまま存続会社に承継される。

　したがって，消滅会社の労働条件を存続会社の労働条件に統一するためには，消滅会社（子会社）の労働者（労働組合があれば労働組合）の同意を得るか，消滅会社（子会社）の就業規則を親会社（存続会社）の就業規則に変更する必要がある。

2）就業規則による労働条件の不利益変更

　労契法は，就業規則による労働条件の変更について，同意原則を定めたうえで，使用者が就業規則の変更により労働条件を変更する場合において，「変更後の就業規則を労働者に周知させ，かつ，就業規則の変更が，労働者の受ける不利益の程度，労働条件の変更の必要性，変更後の就業規則の内容の相当性，労働組合等との交渉の状況その他就業規則の変更に係る事情に照らして合理的なものであるとき」は，不利益変更の効力が生ずるものとしている（労契法10条）。

　これは，最高裁の不利益変更法理（就業規則による労働条件の一方的不利益変更は原則として許されないが，変更に合理性があれば，反対する労働者も拘束されるという法理）を立法化したものである。

3）労働条件を統一する必要性・不利益の程度

　合併に伴う労働条件の統一（労働条件格差の是正）は業務運営上必要なものであり，そのための就業規則による労働条件の統一は，高度の必要性がある[*1]。もっとも，賃金等の重要な労働条件の不利益変更が効力を生ずるためには，「高度の必要性に基づいた合理的な内容」でなければならないというのが最高裁の判例である[*2]。

　さらに，不利益の程度も問題であり，賃金の減額の程度が大きいものについては，なかなか合理性は認められず，減額幅が10パーセントを超える

[*1]　大曲市農協事件・最高裁第三小法廷昭63.2.16判決，労働判例512号7頁等
[*2]　第四銀行事件・最高裁第二小法廷平9.2.28判決，労働判例710号12頁，みちのく銀行事件・最高裁第一小法廷平12.9.7判決，労働判例787号6頁

ものが合理性ありとされるのは，重大な経営危機や倒産の危険を回避する場合^(＊3)等，高度の必要性に基づく合理的な事情のある場合に限られるといえる。

4) 労働組合等との交渉の状況

最高裁判所は，労働組合との合意に基づいてなされた就業規則の不利益変更について，「変更後の就業規則の内容は，労使間の利益調整がされた結果としての合理的なものであると一応推測することができ（る）」として就業規則の変更の合理性を推定している。^(＊4)

その後の裁判例も，多数組合あるいは多数従業員との合意がある場合については，労使間の利益調整がなされたものであるとして，合理性を推定する姿勢がみられる。^(＊5)

5) 変更後の就業規則の内容の相当性

その他，就業規則の不利益変更の合理性判断要素として，「変更後の就業規則の内容の相当性」があり（労契法10条本文），このなかには，「代償措置その他関連する他の労働条件の改善状況」「同種事項に関する我が国社会における一般的状況」も含まれる^(＊6)。

労働条件の不利益変更にあたり，不利益を緩和するための措置が十分に設けられている場合には，変更内容の相当性が認められやすくなる。

(＊3) 中谷倉庫事件・大阪地裁平19.4.19判決，労働判例948号50頁
(＊4) 前掲・第四銀行事件判決
(＊5) 住友重機械工業（賃金減額）事件・東京地裁平19.2.14判決，労働判例938号39頁，初雁交通事件・さいたま地裁川越支部平20.10.23判決，労働判例972号5頁等
(＊6) 平24.8.10基発0810第2号「労働契約法の施行について」

プロフィール--

加茂善仁（かも・よしひと）　慶応義塾大学法学部卒業。1978年4月弁護士登録（第一東京弁護士会所属）。1986年9月加茂法律事務所開設，代表弁護士。経営法曹会議常任幹事。著書に，『Q&A　労働法実務シリーズ（6）　解雇・退職』（第4版）（中央経済社），『労働条件変更の実務Q&A』（三協法規出版）ほか多数。

第Ⅲ章

テーマ別にみた人事・労務の課題

【ダイジェスト】新型コロナウイルス対応は人事・労務にかかわる貴重な経験となった。今後は感染症をはじめとするさまざまなリスクを前提に制度・規定を見直すとともに，安心・安全な職場づくりを進める必要がある。2022年は，男性の育休取得促進を図る改正育児・介護休業法への対応，副業・兼業，業務委託等の新しい働き方についても整理しておく必要があるだろう。

第Ⅲ章 ┄┄┄【1】

感染症対策

ワクチン接種・PCR検査をめぐる 問題への対応

天満法律事務所　弁護士　**吉田　肇**

1　会社からのワクチン接種勧奨や義務づけ, PCR検査の義務づけ

2　ワクチン未接種者の異動, 業務制限, ワクチン接種歴の確認, 未接種者の不採用

【ポイント】
- ◎ ワクチン接種の業務命令, 執拗な説得等は避ける
- ◎ 接種拒否を理由とする懲戒処分, 解雇等も避ける
- ◎ 業種や業務内容によっては PCR 検査の義務づけは可能となる
- ◎ 未接種者の配転等については, 使用者の裁量が認められる
- ◎ 採用面接時における接種歴の確認等は可能である

　新型コロナウイルス感染拡大の「第7波」以降が想定されるなか，企業においては，今後も従業員のワクチン接種やPCR検査等を巡る労務管理上の課題に適切に対応していく必要がある。本稿では，ワクチン接種等における法的留意点を解説する。

1　会社からのワクチン接種勧奨や義務づけ，PCR検査の義務づけ

　以下のようなケースについては，どう考えたらよいだろうか。

> 　当社は小売業で顧客と対面する機会が多いため，社員に接種を義務づける業務命令を出しても問題ないか。業務命令に従わない社員に対して，ペナルティを与えることはできるか。またワクチン接種の勧奨はどのように行えばよいか。

⑴　ワクチン接種に関する法律，政府・厚労省の考え方

　現在，政府は，新型コロナウイルス感染症の感染拡大を防止するとともに，発症を予防し，死亡者や重症者の発生をできる限り減らすことを目的として，国民に広くワクチンの接種を勧奨している。また，ワクチン接種を円滑かつ効率的に実施する観点から，追加接種（3回目）を開始する2021年12月以降も1回目・2回目未接種者に対する接種機会を確保し，接種を促進するとしている（政府新型コロナウイルス感染症対策本部「新型コロナウイルス感染症対策の基本的対処方針（2021年11月19日）」参照）。

　これは，国内外の医療データから，新型コロナワクチンについて，発症予防効果や感染や重症化を予防する効果などワクチン接種のメリットが，副反応などのデメリットよりも大きいという判断に基づき，国民に接種を勧めているものである。

　一方，新型コロナワクチン接種について定める改正予防接種法[1]をみると，市町村長は予防接種の対象者に対し，接種勧奨をするものとされてい

るものの（同法8条1項），<u>対象者は原則として接種を受ける努力義務があるにとどまる</u>（同法9条1項）。

　また，新型コロナウイルス対策特別措置法は，事業者および国民は，新型インフルエンザ等の予防および感染の拡大の防止に努めるとしつつ，新型インフルエンザ等対策を実施する場合において，国民の自由と権利の制限は必要最小限のものでなければならない（同法5条）としている。

　さらに，上記2020年12月の予防接種法改正に際し，衆参両院で付帯決議がされているが，政府の基本的対処方針は，その決議を踏まえ，「国民に対して，ワクチンの安全性及び有効性についての情報を提供するなど，的確で丁寧なコミュニケーション等を進め，<u>幅広く予防接種への理解を得るとともに，国民が自らの意思で接種の判断を行うことができるよう取り組むこと</u>」とされ，厚労省の見解も，この付帯決議の内容をほぼ忠実に反映した形で，「<u>接種は強制ではなく，あくまでご本人の意思に基づき接種を受けていただくものです。接種を望まない方に接種を強制することはありません。また，受ける方の同意なく，接種が行われることはありません</u>」「職場や周りの方などに接種を強制したり，接種を受けていない人に差別的な扱いをすることのないよう，皆さまにお願いしています。<u>仮にお勤めの会社等で接種を求められても，ご本人が望まない場合には，接種しないことを選択することができます</u>」としている（厚労省「新型コロナワクチンQ&A」）。

　このように，政府，厚労省は，感染予防の重要性とワクチンの効果は踏まえつつ，同時に上記予防接種法の規定，国会の付帯決議やワクチンには副反応の懸念があること，国民の人権を考慮して，ワクチン接種を義務とするのではなく，勧奨する方針をとっている。

(2)　ワクチン接種を勧奨する方法

　企業においては，厚労省のQ&A等も活用しながら，ワクチンの安全性

1．新型コロナワクチンの接種は，2020年12月9日に施行された改正後予防接種法に基づく臨時接種の特例として実施するものとされている（予防接種法附則7条1項・2項の規定により予防接種法同法6条1項の臨時接種とみなして実施）。

や有効性についての情報を適切に提供し，丁寧なコミュニケーションを図りながら，社員が自らの意思で接種の判断を行うことができるように努めていただきたい。その際，ワクチン接種によるメリット，デメリットの両面について，信頼性の高い情報を提供することが望まれる。

また，社員が秘密を保持しながら相談できる窓口を社内外で設置したり，保健師などの産業保健スタッフがいる会社については，その協力を得ることも有用であろう。

なお，命令や強制ではなく，接種者にベネフィットを与えることは，その内容によっては適切な接種勧奨の効果を持ちうるだろう。その際は，非接種者に対する差別的な取扱いにならないように注意する必要がある。

⑶　ワクチン接種を業務命令すること，執拗な説得等は問題

上記の法律や政府・厚労省の考え方を踏まえれば，接種の勧奨ではなく，業務命令で接種を命じることは，原則として業務命令の合理性は認められず，権利濫用にあたり，無効とされる可能性がある。

また，接種を拒否しているにもかかわらず執拗に接種をするように説得する行為は，事実上接種を強制することにつながり，好ましくない。

このような接種の業務命令や執拗な説得をする行為は，その回数，時間，説得時の発言（たとえば，「接種拒否はのちに人事上の不利益を受ける」等の発言）等の態様によっては，必要かつ相当な範囲を超えた業務上の指導としてパワハラにあたるとされる可能性もある。

⑷　接種拒否を理由とする懲戒処分，解雇等も問題

接種の業務命令に従わない社員に対して，懲戒処分をすることは，そもそも業務命令自体が無効とされる可能性が高く，懲戒処分は客観的に合理的理由を欠き，社会通念上も相当ではないとして無効とされる可能性が高いだろう（労契法15条）。

接種しないことを理由に解雇することも，同様に客観的合理的理由，社会通念上の相当性を欠き無効とされる可能性が高いと考えられる（労契法16条）。減給，降格など人事上，処遇上の不利益な取扱いをすることも人

事権の濫用とされる可能性がある。接種しないことを理由に社員に著しい不利益を負わせる配転も同様に権利濫用とされる可能性がある。

　なお，上記の行為も，その内容，態様によっては，それ自体がパワハラに該当する不法行為とされる可能性がある。

(5)　ワクチン接種を義務づける就業規則変更

　また，上記と関連して，就業規則で接種を義務づける規定を設ける就業規則の変更は，現在の法律および政府，厚労省の方針の下では，合理性が認められず，変更に反対する労働者に対しては，変更後の就業規則の効力が及ばないとされる可能性が高い（労契法10条）。

> 　小売業の会社でワクチン未接種の社員にPCR検査を義務づける命令を出すことはできるか。命令に従わない社員の就労を拒否したり，懲戒することはできるか。

(6)　コロナ検査を義務づけ，陰性証明書を提出させることは可能か

　就業規則等で，ワクチン未接種の社員に対しては，コロナ検査（PCR検査または抗原定量検査，抗原定性検査）[2]を義務化し，陰性証明書を提出させることは可能であろうか。

　一般の法定外健診[3]とは異なり，コロナ検査の場合は，行政検査以外の自費検査の場合でも，医師による診断を伴う検査や検査機関の提携医療機関等の医師により感染が診断された場合は，医師が感染症法に基づき保健所に届出を行い，その結果，入院，就業の制限等を受ける可能性があるので（感染症法18条ないし20条），社員にこうした不利益を課す可能性のあ

2．PCR検査，抗原定量検査，抗原定性検査については，厚労省「新型コロナウィルス感染症に関する検査について」参照。

3．裁判例は，法定外健診について，就業規則，労働協約に受診命令の根拠規定を設けている場合（**帯広電報電話局事件**・最高裁第一小法廷昭61.3.13判決）はもちろん，たとえ就業規則に規定がない場合（**京セラ事件**・最高裁第一小法廷昭63.9.8判決，東京高裁昭61.11.13判決等）であっても，受診を命じる合理的かつ相当な理由がある場合には，受診命令は有効としている。

るコロナ検査の義務づけが法律上可能かが問題となり得るが，就業規則の不利益変更の効力に関する労契法10条に従い，❶変更の必要性，❷社員の不利益の程度，❸変更内容の相当性，❹労働組合等との交渉の状況，❺その他の変更にかかる事情（変更の社会的相当性等）を総合考慮して，その合理性が認められれば，就業規則による義務づけは可能である。

　たとえば，設問のような多数の顧客と接触する飲食業，小売，接客業や多数の労働者が同じ職場で働く工場等は，多数の感染者を発生させるおそれがあり，それを防ぐ必要性は高いということができ（❶変更の必要性），入院，就業制限に至る可能性については，周囲の社員への感染拡大を防ぐ必要性および社員本人にとっても早期に感染を発見して治療につなげる利益があることを踏まえれば，感染拡大を防ぐ必要性を上回る重大な不利益とは言い難く，またワクチン接種と異なり，医学的侵襲行為を伴うものではないので，その点でも不利益の程度は大きくないといえよう。ただし，検査費用は，就業規則で就業上検査を義務づける以上，原則として使用者が負担をする必要があるだろう（❷社員の不利益の程度）。また，検査の内容も，上記のように感染拡大を予防する目的で医学的侵襲を伴わない方法で行うものであり，ワクチン接種の事実上の強制にもならないので，相当な内容ということができる（❸変更内容の相当性）。社会的に新型コロナウイルスの感染拡大を防止する必要性があれば（❺変更の社会的相当性），労働組合や労働者に対する丁寧な説明と協議を経て（❹組合等との交渉の状況）行った就業規則変更の効力は認められると考える。

　なお，就業規則に規定がない場合であっても，上記のような検査により感染拡大を防止する必要性の高い業務，職場であれば，労働者に対する丁寧な説明と協議を尽くしたうえで業務命令を発することは，人事権の濫用にはあたらないと考える。

(7)　検査を義務づけるとともに，拒否した場合には就労させないことは可能か

　感染拡大防止策を講じる必要性が高い職務で，配転の難しい社員について，検査を拒んだ場合には就労させないこと[4]を就業規則で定めた場合は，

社員の不利益が大きくなるため，就業規則の変更の合理性が認められるためには，就労を拒否してでも感染拡大防止策を徹底する必要性が高い業務であること（❶の点），少なくとも休業手当（労働基準法26条）を支給することにより社員の不利益を緩和すること（❷の点）が必要となろう。

賃金全額の支払いについては，❶の感染拡大防止の必要性が高い業務であれば，検査を拒む社員の労務提供の受領拒否には正当な理由があり，債権者の責めに帰すべき事由はないので支払いを拒むことができると解される（民法536条1項）（なお，民法536条2項は任意規定であることから，あらかじめこのような場合にはその適用を排除しておくことも考えられる）。感染の拡大を防止する必要性が高い業務に限り，社員の経済的不利益にも配慮した内容であれば，内容の相当性も認められ，丁寧な説明と協議を尽くして就業規則を変更することは合理的といってよいと考える。

また，就業規則に規定を設けることが望ましいが，規定がない場合でも，上記の就業規則の合理性が認められる場合と同様の事情があれば，就労を拒否することには正当な理由があると考えられる。

(8)　コロナ検査を受ける業務命令に従わない従業員に対する懲戒処分

コロナ検査を受けない社員に対して，業務命令を出すことは，上記就業規則の変更に合理性が認められる場合には，合理的な人事権の行使として有効性が認められる。

その業務命令にも従わない社員に対して懲戒処分をすることは，懲戒に関する規定が就業規則に存在し，懲戒権の行使が権利濫用にあたらないための要件を満たす限り（相当性の原則（違反行為の程度に照らして均衡のとれたものである必要），平等取扱いの原則（公平性，先例との均衡），適正手続（手続の相当性））有効と解される（労契法15条）。

4．「ワクチン・検査パッケージ」の職域への適用例である。

> ## 2　ワクチン未接種者の異動，業務制限，ワクチン接種歴の確認，未接種者の不採用

以下のようなケースについては，どう考えたらよいだろうか。

　多数の接客を担当する社員や海外出張のある社員がワクチンを接種していない場合，異動を命じたり，業務内容に制限を加えてよいか。ワクチンを接種しない社員との仕事を拒否する社員がいた場合は，どうすればよいか。

---

(1)　ワクチン接種歴を考慮して担当業務や勤務地を決定する際の注意点

①　社員の担当業務，勤務地を決定する場合の基本的考え方

　社員の担当する業務内容，配置をどのようにするかは，就業規則等に配転命令権の定めがあり，当該社員の担当する職務内容や勤務地を限定する合意がなければ，原則として使用者の裁量が認められる。

　ただし，❶業務上の必要性がない場合や，❷不当な動機・目的による場合，❸当該労働者を配転する必要性・合理性に比して著しく大きい不利益を労働者に負わせる場合等には，例外的に配転命令は権利濫用になるとされている[5]。

②　未接種者を海外出張がある業務から海外出張のない業務に配転，業務制限する場合

　自由に域内を移動するにはワクチンの接種証明書が求められる海外出張がある業務からない業務に配転をしたり，海外出張をさせないことは，業務上の必要性，合理的な理由のある人員の配置，業務指示であり，他に不当な動機・目的や労働者に著しく大きい不利益がない限り，原則として適法な人事権の行使，配転命令権の行使ということができる。

　なお，その場合でも，会社としては，社員がワクチン接種をしない選択

　5．**東亜ペイント事件**・最高裁昭61.7.14判決

をしたことによる不利益が生じないように，可能な範囲で当該社員がその能力を発揮できる配慮をするのが望ましい。

③　未接種者を，多数の人と接触する業務から外し，別の担当業務に変更する場合

このような場合は，未接種者や接触する相手の安全配慮の観点から担当業務を変更（配転あるいは業務内容を制限）することには，一定の必要性，合理性が認められる。

この場合，上記①の基本的考え方を踏まえ，❶当該業務から外すことの必要性（配置転換以外の感染防止対策による代替可能性がないこと）の検討，❷当該労働者に対する丁寧な説明（配置転換をする目的，必要性，配置転換後の業務や労働条件等），❸配置転換による職業上，生活上の不利益をできる限り回避すること，❹元の業務に戻す可能性の有無，時期等の検討等に留意する必要がある。

以上の点について，十分な配慮，手続きが尽くされたうえで実施される配転，業務制限は，権利濫用にはあたらないと考えられる。

(2)　社員が，未接種者と一緒に仕事をすることを拒む場合の対応

社員が，未接種の社員と一緒に仕事をすることを拒んだ場合に，安易に未接種の社員を他の社員と分離する措置をとることは，差別やいじめにもつながりかねず，好ましくない。

ワクチン接種は強制ではなく，本人の自主的な判断が尊重される必要があることを前掲厚労省Q&Aを用いながら，他の社員にも，よく説明するよう努めていただきたい。もし，本人の希望で他の就業場所に変更する場合でも，本人の不利益にならないようにできるだけ配慮するのが適切である。

ワクチン接種歴を確認する際に注意すべき点はあるか。未接種者の採用を拒否できるか。

---

(3) ワクチン接種歴に関する情報を取得する際の注意点

ワクチン接種の情報は，本人に対する不当な差別やいじめなどの原因となるおそれがある個人情報であるとともに，プライバシーとしても保護の対象となり得る情報であるから，取得に際しては，適正な手段で取得する必要がある（個人情報保護法20条1項）。

業務上の合理的必要性，使用目的，情報の取扱いについて社員に丁寧に説明をして，自主的な判断で接種情報を提供するように要請をすれば，情報提供の強制や接種の強制とはならず，客観的に社会通念上相当な行為と評価することができ，適法な取得といってよい。

(4) 採用面接時にワクチンの接種歴を確認，考慮する際の注意点

採用後担当する予定の業務を遂行するためにワクチン接種が必要不可欠な場合には，上記(3)の点に留意して，接種の有無を聴取することは可能である。

なお，企業には採用の自由があるが，採用者の選択に際しては，労働者の能力，適性に照らして判断することが求められる。未接種者に対する不当な差別にならないように，ワクチン接種を必要とする合理的な理由があるのか（他に代替手段がないか）十分に検討したうえで，募集に際しては，ワクチン接種が必要な理由をあらかじめ明らかにしておくことが望ましい[6]。

以上の手続きを丁寧に実施していれば，面接時にワクチン接種を確認できなかったことを考慮して，当該業務に就ける適性を欠くことから採用をしないとしても，社会通念上相当な労働者選択，採用行為であり，適法な人事権の行使ということができる。

6．厚労省「新型コロナウイルスに関するQ&A（企業の方向け）」（令和3年11月22日版）参照。

プロフィール --

吉田　肇（よしだ・はじめ）　京都大学法学部卒業。1988年大阪弁護士登録。弁護士法人天満法律事務所所長。元京都大学法科大学院客員教授（労働法），元同志社大学嘱託講師（労働法）。経営法曹会議会員。日本労働法学会会員。日本産業保健法学会理事。主な著作として『書式　労働事件の実務』（共著，2018年，民事法研究会）など。

リスクに対応できる制度・規定
見直しのすすめ

中山・男澤法律事務所 弁護士 **高仲 幸雄**

1 人事制度・規定の変更
2 感染防止措置の構築

【ポイント】

◎ 労働条件・人件費の固定化を避けるため，自動昇給，賞与の定額
給付を見直す

◎ 在宅勤務・パソコン等の利用規定，諸手当を見直す

◎ 出勤体制を検討する際には，休業や特別休暇，会議・辞令等の手
続きを見直す

◎ 出社制限等に備えて副業・兼業，マイカー・自転車通勤等を検討
する

◎ 感染防止措置は，職場における安心感という観点を主軸に置く

　新型コロナウイルスの感染拡大を受け，企業においては在宅勤務やリモートによる業務運営など，社員の労務管理に関して新たな視点での対応が続けられてきた。いま，改めて今後の感染拡大への準備，さらには業績低下に直面した場合に備えた人事施策の見直しなど，今後の課題を想定した取組みが求められている。本稿ではアフターコロナに備えた実務対応上の留意点を整理する。

1　人事制度・規定の変更

　アフターコロナを見据えて，人事制度や規定で変更が必要なものは何か。今後，感染の拡大が生じた場合，制度の運用面で変更・留意をしておくべき点は何か。

(1)　労働条件・人件費の固定化を避ける

(i)　見直しが必要な規定

　見直しが必要な規定としては，以下のものがあげられる。

①自動昇給
②賞与の定額給付

　基本給が自動的に昇給すれば，社員の高齢化とともに人件費が増加する。また，景気変動によって賞与の増減ができなければ，基本給の数カ月分の人件費が固定化される。

　本来，昇給や賞与については，対象期間ごとの判断・決定を可能とすべきである。規定レベルで自動昇給や賞与の固定化が行われている場合は，景気後退や収益悪化による人件費負担を，新入社員の採用停止や昇進（役職付与）の見送りなどで補填せざるを得なくなり，企業としての活力も失

いかねない。

そこで，まず見直すべき規定として，①自動昇給の規定，②賞与が定額支給となっている規定があげられる。

(ii)　新設・改正が必要な規定

賃金や労働条件の固定化を避けるには，そもそも「変更」がありうることを制度自体に規定しておく方法がある。代表的なものとしては，❶定額（固定）残業代の金額見直し規定，❷有期雇用労働者の契約更新時の労働条件見直し規定，❸無期転換時の労働条件の見直し規定がある。

それぞれの規定例を示すと，以下のようになる。

---

❶　定額残業代の金額は，担当業務や想定される労働時間数等を考慮して，見直し・変更を行うものとする。

❷　契約更新するか否かは，次の事情を考慮して判断する。会社が契約更新する場合でも，更新時に提示する労働条件は，契約期間を含め更新前の労働条件とは異なることがある。

・契約期間満了時の担当業務の業務量
・労働者の勤務成績，態度，能力，健康状態
・会社の経営状況
・従事している業務の進捗状況

❸　契約更新時に見直し・変更していた労働条件については，無期転換後においても定期的な見直し・変更を行うものとする。

---

(2)　在宅勤務・リモートワークに備える

(i)　検討すべき規定

在宅勤務やリモートワークで検討すべき規定としては，以下のものがあげられる。

---

①　在宅勤務・パソコン等の利用規定
②　在宅勤務に関する手当・補助規定

---

③　通勤手当

④　皆勤・精勤手当

⑤　その他：食事手当，営業手当，住宅・地域手当

　各種手当における趣旨・目的は，支給要件や支給に至った経緯等が会社ごとに異なるが，以下では，見直しの要否を検討する場合の考え方を説明する。

(ii)　具体的説明：その1　～在宅勤務に関連する規定～

　①は，在宅勤務やリモートワークで会社貸与のパソコンやタブレットを使う場合の利用規定である。②は，在宅勤務にあたっての初期費用やランニングコストを補助する場合の規定である。

　上記①②の規定例については，厚労省の「テレワークモデル就業規則」（ DL-H ）等を参照していただきたい。

　③は，在宅勤務になって通勤手当が割高になった場合，つどの実費精算に切り替えるケースも出ており，上記「テレワークモデル就業規則」でも規定例が掲載されている。切り替える基準としては，ア）週の出勤日数が一定日数以下の者，という基準のほか，イ）通勤費（定期代）が一定額以上の者，という2段階の基準を設けることがある。定期代が大きな金額でないのに，週の出勤日数が少ないからといって，そのつど精算するのは手間がかかるからである。

(iii)　具体的説明：その2　～出勤・外出・異動に関連する規定～

　④は，在宅勤務によって「出勤確保」というニーズが減った場合，皆勤手当や精勤手当を支給する必要性は乏しくなる。仮に存続させるとしても，出勤確保が必要な職種・職場に限るべきであろう。

　⑤のうち「食事手当」は，職場で食堂（社食）がなく，職場近隣で食事をする場合に割高になる場合の食費の補填という趣旨で支給されていることが考えられる。かかる趣旨からすれば，在宅勤務によって自宅で食事をする場合は，「食事手当」を支給する必要性は乏しいといえる。また，外出（外回り）で営業する場合の心身の負担や想定される時間外労働分の補填として「営業手当」が支給されていた場合，リモートでの商談が主流に

なっていけば，支給理由は乏しくなるであろう。

さらに，転居を伴う配転の負担軽減措置として「住宅手当」や「地域手当」が支給されている場合，オフィスへの出社が必須でなくなり，勤務地変更を伴う配転（異動）がなくなれば，これらの手当の必要性は乏しくなる。

(3)　今後の感染拡大に備えた出勤体制

新型コロナウイルス感染の今後の拡大に備えた出勤体制を検討する場合，以下の規定について，見直しの要否を検討していただきたい。

---

① 　休業命令・休業手当
② 　病気休暇等の特別休暇・積立年休
③ 　会議・辞令等の手続き（出席・文書交付）

---

① 　休業の制度設計
ア　助成金との関係

休業手当を支給したうえで，その分を雇用調整助成金等で補填するケースもあるだろうが，問題は支給対象外の部分の取扱いである。

労基法26条の休業手当は労働者との間での問題（労使間の問題）であり，助成金は行政との間の問題である。両者は関連しているが，適用場面が異なるので，「助成金が出ない部分は休業手当を支給しない」という対応では労基法違反となるおそれがあり，休業手当に関する社内説明も上記の点を意識しておく必要がある。

イ　労使間の合意

労基法26条の休業手当の支給が必要となる場合は「使用者の責に帰すべき事由」であり，支給すべき金額は「平均賃金の100分の60以上」であるが，①「使用者の責に帰すべき事由」の該当性や②「平均賃金」の計算方法，③休業手当で補填されない賃金（賃金全額から休業手当相当額を控除した金額）を巡ってトラブルになる可能性がある。

そこで，休業期間中の取扱いについて，対象社員との個別合意書や，労働組合との協定（労働協約）等で規定しておくことも考えられる。また，

就業規則の規定でも，休業手当について以下のような規定を設けておく方法もあるだろう。

〈参考規定例〉

会社は，従業員に対して休業（半日・時間単位の休業を含む）を命じることがある。この休業が会社の責に帰すべき事由による休業の場合は，当該休業期間中は賃金の代わりに労働基準法26条の休業手当を支給するものとする。なお，天災事変や行政による休業の指示・要請等の不可抗力によって休業や営業自粛を行う場合は，休業手当は支給せず，無給とする。

ウ　休業対象者の選定

ⅰ　業務遂行が想定される者

　休業によって労働義務が免除されることから，休業時に業務遂行（勤務）を命じることはできない。

　そこで，そもそも論ではあるが，休業中に担当業務の遂行が必要な社員は休業の対象外としておく必要がある。また，休業中に研修課題やスキルアップのための資料を提供する場合にも，あくまで任意の取扱いとすべきである。

ⅱ　感染防止の措置

　他社員への感染懸念がある社員（熱・咳がある社員，感染後に解熱したが完全に陰性になったかは不明の社員等）や，感染により重篤化するリスクがある持病があったり，妊産婦等で出社・通勤で感染した場合のリスクが大きい社員には，会社側で「休業」とする方法もある。

　もっとも，「休業」以外でも，社員側で年次有給休暇を取得したり，会社が病気休暇等を付与する方法，自宅で就業可能であれば「在宅勤務」とする方法も考えられる。休業手当の支給では「平均賃金」（労基法12条）の計算も必要になり，煩雑にもなる。休業はあくまで臨時的・応急的な措置であり，アフターコロナを見据えれば，「休業」以外の措置も検討しておくべきである。

② 病気休暇等の特別休暇・積立年休

②については，感染や感染懸念がある等のケースで，病気休暇や特別休暇を付与するかという問題である。人員や人件費に余裕があれば付与自体に問題はないが，正社員だけに付与すれば，「同一労働同一賃金」の観点から不合理な待遇差を問題とされるリスクがある。また，一般的な制度として設計してしまうと，今後の人員確保が困難になるし，「有給休暇」とすると人件費を圧迫する。

このような懸念がある場合，まずは既存の「特別休暇」や「積立年休制度」などの制度で対応できないかを検討したり，新設の休暇とする場合でも，取得事由・期間を限定した休暇として設定しておく必要があるだろう。

③ 会議・辞令等の手続き（出席・文書交付）

③は，人事手続きに関するものである。一定の人事措置（解雇・懲戒処分等）について，社内規則で会議の場所や出席，文書の交付などが厳格に規定されていると，「オンライン会議」の可否や，「メールによる通知」の可否が問題とされるリスクがある。

労働事件では，措置・処分の内容に加え，これらを行う際の手続きの相当性も争われることがある。具体的な紛争・事件になる前に，「オンライン会議」や「メールによる通知」を許容する（少なくとも禁止しない）規定に変更しておくべきである。

以上のほか，今後の感染拡大に備えて，就業規則等に根拠規定を設けておくべき事項として，以下があげられる。

❶ 始業・終業時刻の変更・交替勤務の規定
❷ 病者等の就業禁止・自宅待機命令
❸ 会社施設内での感染防止措置の命令・従業員の協力義務

(4) 制度の運用見直し

今後の感染拡大によって「休業」や出社制限（その間は在宅勤務）をした場合，従前の制度運用の見直しが必要なケースも出てくる。想定される

ものとして，以下があげられる。

---

① 副業・兼業
② 福利厚生施設の利用
③ マイカー通勤・自転車通勤

---

① 副業・兼業

①は，主として休業中における副職・兼業の制限に関する運用が問題となる。正社員は一律禁止し，特別な事情がある場合に例外的に許可をする運用がなされている企業も多いところである。しかし，休業や短時間勤務で収入が減ったり，在宅勤務によって節約できた通勤時間を有効利用したいというニーズは社員側から出てくるであろう。

② 福利厚生施設の利用

②は，社員が利用できる福利厚生施設が，感染防止等の理由で利用中止や利用制限になった場合に問題となる。社員側からは，期待していた福利厚生施設が利用できないので不満が出てくることが想定されるからである。

しかし，福利厚生施設を利用できない分を金銭（手当）で補填しようとすると，人件費を圧迫するし，福利厚生施設を「利用する人」と「利用しない人」が想定されるなかで，一律に手当化（金銭化）することは難しいだろう。また，福利厚生施設の利用が正社員だけに限定されている場合，手当（金銭）というインパクトの強い待遇差になるので，いわゆる「同一労働同一賃金」の問題として紛争化するリスクがある。

福利厚生施設の利用規約のなかで，自然災害や伝染病の感染防止等の措置を講じる場合は利用中止とする旨を規定しておくのがよいだろう。

③ マイカー通勤・自転車通勤

③は，混雑する電車やバスでの通勤を避け，マイカー通勤や自転車通勤を行う場合に問題となる。

平常時は，マイカー通勤や自転車通勤を認めない運用をしている場合でも，緊急時に出社を命じる場合には，マイカー通勤や自転車通勤を許可し，その場合の通勤費用や駐車場代等の補助も必要になってくる。

他方，マイカー通勤や自転車通勤を許可する際には，事故時の損害賠償責任のリスクを軽減するため，社員側で損害保険への加入（対人・対物無制限など，損害保険契約の内容にも条件を付すことがある）を許可要件とするのが通常である。

マイカー通勤や自転車通勤を原則禁止としている場合，許可する場合の条件や手当等の規定が整備されていないこともある。もっとも，詳細な規定まで設けると，非常時には混乱するし，平常時に非常時の検討をしても，想定外の事態は必ず発生する。現場で慌てない程度に，概要程度を決めておくのがよいであろう。

2　感染防止措置の構築

アフターコロナを見据えて，社内で感染防止のための措置を講じたいが，どの程度までの対応が必要か。社員には，飲み会の中止など，感染防止に向けた協力をどの程度まで求めることができるか。

(1)　必要な情報収集

(i)　感染予防措置のためのガイドライン

新型コロナウイルスの感染防止のために，どのような施策がどの程度の効力があるのかを通常の企業が「科学的・医学的」に検討することは困難である。

一般的には，内閣官房のウェブサイトである「新型コロナウイルス感染症対策」のなかにある「業種ごとの感染拡大予防ガイドライン一覧」（DL5）から，自社が属する業種で作成されているガイドラインを検索し，このガイドラインを参考にしていただきたい。

また，一般社団法人日本経済団体連合会も「オフィスにおける新型コロナウイルス感染症予防ガイドライン」（DL6）等を作成している。

(ii)　**感染防止措置を講じない場合のリスク**

①　法的リスク

　十分な感染防止措置を講じずに感染が職場で広がってしまった場合，労災の問題や安全配慮義務（労契法5条）の違反を理由とする損害賠償のリスクが考えられる。まったく防止措置を講じていなかったり，明らかに不合理な防止措置であれば，かかる安全管理体制の不備について，会社法429条を根拠に取締役個人の損害賠償責任が追及される可能性もある。

　もっとも，新型コロナウイルスでは，感染者との接触が特定できない限り，感染場所が職場なのか，会社の防止措置のどこに不備があって感染したのかが不明である。法的な損害賠償責任を会社に追及することは難しく，現状では安全配慮義務の履行を会社に求める裁判も想定し難い。

②　レピュテーションリスク

　上記①のような法的リスクとは別に，実際に安全管理措置に問題があって社員が感染し，それが報道等で明らかになれば，企業のレピュテーションリスクは大きいし，取引先からの信頼も失う。

　職場や組織は「法的リスク」だけを基準に動いているわけではなく，特に，新型コロナウイルスのように，生命・健康に対する恐怖感・不安感を及ぼす問題については，問題が起きるとヒステリックな反応を招きがちである。そこで，感染防止措置については，職場における安心感という観点を主軸におくべきである。

(2)　個人の自由・プライバシーとの関係

　以下の事例で考えてみよう。

> （事例）社内で感染者が出たが，個人情報保護の観点から，最低限の者にしか共有せず，個人名や部署は公表しないこととした。また，感染者自身に想定される感染経路を質問したが，本人は説明を拒否し，プライバシーの観点からそれ以上は踏み込まなかった。
>
> 　しかし，社内の一部の者から，感染者の情報や実際の感染経路の情報が漏れてしまった。

(i)　法的議論に終始しない

新型コロナウイルスに関するQ&Aやガイドラインでは，一般的な指針・資料という関係上，社内における役職・地位という観点からの検討は難しいところではある。

しかし，実際の人事労務の施策検討や運用では，法的議論に飛びついてしまうと抽象論になってしまい，ときには見当違いの議論に陥ってしまうことがあるので注意していただきたい。

(ii)　忘れがちな視点　〜地位・役職〜

企業としては，名誉毀損やプライバシー，社内公表によって感染懸念の情報が申告されなくなるリスクを考える必要がある。また，対象者の地位・役職も考える必要がある。

感染者が，同居している親族等に医療従事者がいて，診療・治療の過程で感染してしまい，それが理由で感染してしまったとする。この場合，上記事例における会社側の対応を責めることはないであろう。

他方，営業本部長の役員が平日に接待ゴルフに行って，帰りに二次会を繁華街のクラブで行ってカラオケをし，その過程で感染したとする。この場合，役員としての自覚はもとより，企業としての危機管理体制や企業の信用にかかわる。また，感染者や感染理由を口外しなかったのは，個人のプライバシーとか，個人情報保護の問題ではなく，単に，「会社としての不祥事であったからもみ消した」と捉えられるであろう。

(3)　業務命令・懲戒処分の有効性を議論する前に

(i)　服務規律・懲戒処分に関する議論の妥当範囲

感染防止措置をきちんと守らない社員も出てくるかもしれない。確かに，出社時にアルコールで手を洗うことやマスクをすることを要請しても，だれも見ていない状況でこれらの遵守を求めることは難しいであろうし，会社としての実害を立証して懲戒処分を実施するというのも難しいかもしれない。社員間の飲み会中止についても，懲戒処分を示唆して業務命令を発したところで，隠れて問題行為をするリスクはある。3密防止のために社内の喫煙所を閉鎖しても，路上や会社敷地内での喫煙があれば，第

三者の目から見れば，かえって会社の評判にも悪影響だろう。

　このように会社が講じる感染防止措置については，どの程度の遵守を求められるのかについては一定の限界があるといわざるを得ない。

(ii) 管理職・上司としての地位・職責の観点

　(i)は一般社員における服務規律や懲戒処分のレベルの議論である。

　会社が組織的に感染防止措置を講じて社員に遵守を求めているなか，管理職・上司が，同措置に違反したり，部下を飲み会に誘うことは管理職・上司としての自覚を問われる（強引な誘いは「職場におけるパワーハラスメント」にも該当しうる）。

　このように管理職・上司に対しては，その職責上，会社の感染防止措置を率先して実施し，職場での飲み会やカラオケ等への自粛を求めることは可能である。また，違反があった場合においても，懲戒処分まではいかなくても「役職者・管理職としての不適格」を理由に厳重注意としたり，悪質な場合は配置転換を命じることも可能であろう。

(iii) 懲戒処分は実効性確保措置の一手段にすぎない

　社員に対する要請事項を議論すると，すぐに懲戒の話を持ち出し，「違反した場合に懲戒処分ができないなら，感染防止措置には限界がある（措置を講じても意味がない）」と思考する人も社内にいるかもしれない。

　しかし，このような議論は罰則規定がない法律は無意味と述べているようなものである。

　感染防止措置を実施する趣旨・目的は，社員や取引先等への感染防止のためであり，その実効性確保は，違反者に懲戒処分をすること以外にもある。

プロフィール---

高仲幸雄（たかなか・ゆきお）　早稲田大学法学部卒業。2003年弁護士登録（第一東京弁護士会），中山慈夫法律事務所（2005年4月，中山・男澤法律事務所に改称）入所，2013年パートナー，現在に至る。2009年以降，国士舘大学21世紀アジア学部非常勤講師（春期）。著書に，『労使紛争防止の視点からみた人事・労務文書作成ハンドブック』『同一労働同一賃金Q&A』『図解　人事・労務の基本と実務』など多数

テレワーク

オフィスをどう変えるべきか

東京大学大学院経済学研究科　准教授　稲水　伸行

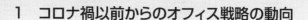

1　コロナ禍以前からのオフィス戦略の動向

2　コロナ禍以前の在宅勤務への評価

3　コロナ禍における在宅勤務とその評価

4　広い意味での ABW を実現するには？

【ポイント】

◎ 2010年代から ABW（活動内容に合わせて最適な環境を選択できるオフィス形態）というコンセプトが出てきた

◎ オフィスは，従来型固定席→（単純）フリーアドレス→ ABW へと変遷

◎ オフィス出社と在宅勤務の適切なハイブリッドのためには，それぞれの業務の明確化と「いつでも・どこでも」働ける環境づくりが必要

　コロナ禍で私たちの働き方も大きく変わろうとしている。ただ，流行に惑わされず，一過性のものにしないためには，長い時間軸でこの変化をとらえる必要がある。本稿では，コロナ禍以前からのオフィスや在宅勤務の動向を踏まえながら，今後の働き方について考える題材を提供したい。

1　コロナ禍以前からのオフィス戦略の動向

　まず，コロナ禍以前からのオフィスの動向についてみていくことにしよう。2010年代から出てきているオフィス・コンセプトの1つが「ABW（Activity-Based Working）」である。これは，活動内容に合わせて最適な環境を自由に選択できるオフィス形態を意味する。

　具体的には，集中したいときは1人で集中できるブースに，少人数のチームでカジュアルに話をしたいときはカフェ・スペースに，大人数を相手にプレゼンをする際は大会議室に，というように，オフィス内に多様な空間を用意し，多様な働き方を可能にする仕組みである。

　このABWには本当に効果があるのだろうか。筆者は，2018年7月，島津明人教授（現・慶應義塾大学）と三井デザインテック株式会社と共同で質問紙調査を企画し，株式会社日経リサーチを通じて日本のビジネスパーソン3,000人からデータを得て分析を行った。

　この調査では，まず，オフィス形態を，席の自由度とスペースの多機能度という2つの軸を基に，図1のように4つに分類することとした。席の自由度はどの程度フリーアドレス化（固定席をやめ自由席化）しているか，スペースの多機能度は，多様なスペースから適切な場所を選んで仕事ができている程度を示している。

　1つ目のオフィス形態は，席の自由度・スペースの選択度ともに低い従来型の「固定席」である。もともと日本では，一人ひとりに固定席が割り当てられ，部署ごとに島を作る，いわゆる「対向島型」オフィスが一般的だ。これに該当するのがこの形態となる。おそらく，現在でも多くの企業で採用されているレイアウトといってよいだろう。

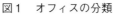

図1　オフィスの分類

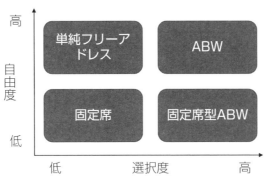

　2つ目は，席の自由度は高いがスペースの選択度は低い「単純フリーア
ドレス」である。1990年代後半から2000年代にかけて日本で普及の兆しを
みせたのがこの形態だ。ワーカー自身が席を選べるが，いわゆる従来の執
務スペースが多く，集中ブースやカフェ，協業スペース等が十分に用意さ
れているわけではない。必ずしも全員分の執務席を準備しなくてもよいの
で，日本の狭いオフィス事情を反映してか，スペースの有効活用を目的と
して導入される傾向が強いようである。

　残りの2つは大きくABWに分類されるものだ。このうちの1つは，席
の自由度は低いがスペースの選択度は高い「固定席型ABW」である。各
人に自席が設けられている一方，自席を離れて集中ブースやカフェ，協業
スペース等を利用することもできる。残りの1つは，席の自由度もスペー
スの選択度も高い「ABW」である。決まった自席がないうえに，業務に
適した多様なスペースが用意され，業務に合わせて本当に自由に場所を選
んで仕事をすることになる。

　調査では，こうしたオフィス形態に加えて，クリエイティビティ（仕事
上の創造性），ワークエンゲイジメント，心理的ストレス等について測定
した。分析の結果は，例えば**図2**のようなものであった。まず，ABWと
固定席型ABWのクリエイティビティが高い傾向がみられた。従来の固定
席型もABWと遜色ないレベルだが，単純フリーアドレスはこれら3つと
比べてかなり低いことが明らかとなった。これと同様に，ABWではワー

161

図２　ABW とクリエイティビティ

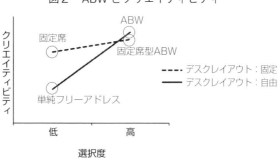

クエンゲイジメントが高く，単純フリーアドレスでは心理的ストレスが高いという結果も得られた。

　よく，クリエイティビティは準備→孵化→閃き→検証という段階を経て発揮されるとされ，段階によって"ワイガヤ"が必要なときもあれば，静かな環境が必要なときもある。ABWだと自分の段階に応じて場所を選ぶということも可能だが，単純フリーアドレスの場合だとそれができない可能性があると考えられる。また，自分自身が場所を選んでいるという感覚が，モチベーションにつながる可能性も考えられる。

　このように，これまで従来型の固定席だったオフィスを単に自由席化するのは危険かもしれない。重要なのは自由席化ではなく，仕事内容に適した空間を選べるような選択肢を多く用意してあげることだといえるだろう。このことを反映してか，オフィスは，従来型固定席→（単純）フリーアドレス→ABWというように変遷してきたととらえられる。

2　コロナ禍以前の在宅勤務への評価

　ABWの考え方を突きつめると，働く場所をオフィス内に限る必要はなくなってくる。仕事や，場合によっては生活の状況に応じて，自宅等のオフィス外の適切な場所を選んで仕事をすることも考えられるようになる。そこで，在宅勤務についてみていくことにしよう。

図３　在宅勤務を考えるフレームワーク

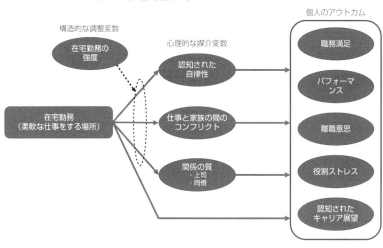

在宅勤務を考える基本的なフレームワークは**図３**のとおりである。この枠組みによれば，在宅勤務が，自律して仕事をしていると感じる程度や仕事と家庭の間のコンフリクト，職場での人間関係の質を介して，アウトカム（職務態度，パフォーマンス，ストレス，キャリア展望等）に影響する，ことになる。

実は「在宅勤務のパラドクス」と呼ばれるものがある。在宅勤務により，自律性が高まり，仕事と家庭の両立ができるようになれば，職務態度やパフォーマンスが向上し，ストレスも低減すると考えられる。一方，在宅勤務により，職場での人間関係が悪化し，結果的にパフォーマンスやキャリア展望が損なわれるとも考えられる。在宅勤務は，ポジティブな結果もネガティブな結果ももたらし得ると考えられるわけである。

Gajendran教授ら（2007）は，46の研究，計12,883人の従業員を対象としたメタ分析（複数の研究の結果を統合して分析する手法）を行った。その結果，在宅勤務は，仮説どおりに自律性を向上させ，仕事と家庭の間のコンフリクトを減少させることが明らかになった。一方，仮説とは異なり，在宅勤務によって職場での人間関係が悪化するわけではないこともわかった。むしろ，上司との関係の質と在宅勤務の間には正の関係がみられたほ

どである。

　また，在宅勤務は，個人のアウトカムにも有益な影響を与えていることもわかった。具体的には，職務満足は上昇し，離職意思とストレスは低下していた。パフォーマンスについては，在宅勤務と上司による評価には正の関係がみられたものの，自己評価との間には関係はみられなかった。また，キャリア展望と在宅勤務には有意な関係がみられなかった。そして，こうしたアウトカムへの影響は，主に知覚された自律性を介していることも示された。つまり，在宅勤務のパラドックスは大きな問題ではないことが示唆されたのである。

　なぜ，このような結果になったのだろうか。Gajendran教授ら（2015）は，在宅勤務とは「ⅰ-deals（idiosyncratic deals）」の一種であるからではないかと考えている。ⅰ-dealsとは，「双方に利益になるような諸項目に関して，個々の従業員が雇用主との間で交渉した，非標準的な性質をもつ，自発的かつ個別的な合意」のことを表す概念である。わかりやすくいえば，従業員が上司ないしは会社と交渉してある種の特別扱いを認めてもらうということだ。つまり，特別扱いとしての在宅勤務を認めてもらえているという感覚がポジティブな効果をもたらしたというわけである。

　このように，ABWというオフィス形態やⅰ-dealsとしての在宅勤務にみられるように，この10年ほどで働き方は，固定された1つの場所に縛られない形へとシフトしてきており，その働き方にはおおむねポジティブな成果があると学術的には考えられてきたといえるだろう。

3　コロナ禍における在宅勤務とその評価

　しかし，2020年春先，COVID-19の感染拡大に伴い，（仕事特性にもよるが）在宅勤務を半ば強制的にやらざるを得ない状況が生じた。稲水ほか（2021）は，2020年5月の緊急事態宣言明け直前にビジネスパーソン約2,000人を対象に質問紙調査を行い，コロナ禍における在宅勤務の実態について分析を行っているが，2つの側面での在宅勤務の強制性を指摘している。

図4　コロナ禍における i-deals の比較

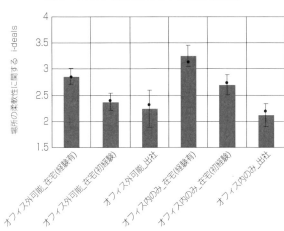

　1つ目は，従来ではオフィス内でしかできないと考えられてきた仕事で
あっても，在宅勤務に移行したということである。そして，興味深いこと
に，これに該当する人ほど i -deals の指標が大きく上昇し，ポジティブな
心理状態になっていたのである。たしかに，オフィスで仕事ができなくな
ることで思ったように仕事ができなくなる不満はあったかもしれない。し
かし，マネジメント側・従業員側双方にとって働き方を見つめ直すよい機
会を提供したといえるかもしれないのである（**図4**）。

　強制性のもう1つの側面は，緊急事態宣言下では，既存研究が想定しな
いレベルの在宅勤務が行われていたことである。既存研究は，在宅勤務の
程度（勤務時間のうちどのくらい在宅勤務に費やしているか）がおおむね
20〜30％程度で，上司や職場の同僚も基本的にはオフィス勤務している状
況を想定していた。しかし，前述の調査では，在宅勤務をしている人の多
くが，2020年4月下旬〜5月下旬にオフィスに出社した時間は10％にも満
たないものだった。言い換えれば，自宅という固定された1つの場所に縛
られた働き方を強いられることとなったわけである。これは既存研究が想
定してきた働き方・在宅勤務とは大きく異なっていることには注意が必要
である。

コロナ禍は，働き方を見直すよい機会ではあるが，その結果だけですべてを判断することは危険だろう。ともすれば，出社か在宅勤務かという二者択一になってしまいがちである。コロナ禍が落ち着いた後は，むしろ，オフィス出社と在宅勤務の割合はどのくらいかという連続体でとらえ，その最適なバランスを考えるべきであろう。広義のABWの話に戻るようだが，他部署とのコミュニケーションなど出社ですべき業務は何か，逆に在宅勤務ですべき業務は何か，そのために適した環境を選べるようになっているのかを考えていくべきである。

4　広い意味でのABWを実現するには？

オフィス出社と在宅勤務の適切なハイブリッド，さらにいえば仕事に適した場所を選択しながら働く働き方のためには，「いつでも・どこでも」働ける環境を作る必要がある。このことを考えるのに興味深いのが日本マイクロソフト社のケースである。

日本マイクロソフト社は，2011年2月に品川の新オフィスに移転した。そのオフィスは，卓越したICTを用いて，いまでいうところのABWを体現するものであった。そして，移転直後の3月11日に東日本大震災が起こり，一定期間，在宅勤務を強いられることになる。しかし，このことが功を奏して，在宅勤務が社員の間で急速に広まっていく。その後の「テレワーク週間」「テレワーク月間」「テレワーク・デイズ」などの取組み，2019年の「ワークライフチョイスチャレンジ」での週勤4日への挑戦は知られているところである。このような取組みをしつつも，実は，この間，生産性は2倍以上と大きく向上してもいる。

日本マイクロソフト社ではなぜこのような働き方を実現できているのだろうか。里・稲水（2021）では，25年にわたる事業，組織，働き方の変革・転換の歴史を分析しながら迫っている。その最も重要なメッセージは，このような変革・転換が一朝一夕で行われたわけではなく，長い時間をかけて試行錯誤を繰り返しながら成し遂げられたということである。

　そのうえで，日本マイクロソフト社のケースのポイントは３つほどある。１つ目は，事業転換が先に起こり，それに伴って組織変革・働き方改革が行われたという点である。

　実は，日本マイクロソフト社の事業は，B to CからB to B，クラウド・サービス事業へと「３回ほど転職したぐらいのインパクトがある」というぐらいに大きく転換している。この転換に合わせる形で，業務を遂行するチームは，多様なメンバーが流動的に集ってコラボレーションするものへ，個人の働き方も，「いつでも・どこでも」働けるものへと変わっていった。大きな事業転換を行う意思決定はトップマネジメントしかなし得ないものである。そして，その事業でのアウトプットを効率よく出すために組織変革・働き方改革が行われていったとみることができるわけである。

　２つ目は，成果を出すための，「追いつめられる」と表現されるほどの強烈なプレッシャーの存在である。事業転換に伴い，どのような成果を出せばよいのかの評価軸が明確に設定されることになる。とくに，クラウド事業への転換に伴い，多様な部署の多様なスキルをもった人とコラボレーションをしなければ生き残れないことがわかると，積極的にコラボレーションをしようと動くことになる。また，こうした強烈なプレッシャーがあるからこそ，細部にまで徹底して成果を上げるための活動（業務プロセスの整備・標準化）が，客観的なエビデンスを基に行われることになる。

　３つ目は，まずは行動をし，そこから試行錯誤・改善をしながら定着させていくというプロセスである。これまでの２つのポイントだけをみると，あたかもトップダウンですべての転換が行われたようにみえるかもしれないが，決してそうではない。経営方針の範囲内で，現場のレベルでまずは行動の変容が起こり，そこからさまざまな試行錯誤が行われることになる。そして，よりよいものとして定着したものを，会社として承認・奨励し，具体的な制度やツールの導入・拡充が行われているのである。さきの「ワークライフチョイスチャレンジ」も，一見，ワーク・ライフ・バランスのための施策のようにみえるかもしれない。しかし，５日でやっていた仕事を４日でやってみることで，より生産性の高い働き方を模索するという試みでもあるのだ。

　このように，日本マイクロソフト社の働き方は，トップマネジメントの意思決定とそれに基づく現場での試行錯誤が両輪となって，長い期間をかけて作られたものとみることができる。つい，ABWや在宅勤務といった環境や制度，それを可能とするICTツールなどに目を向けがちだ。しかし，これらは手段であってそれ自体が目的ではない。当然だが，制度やツールの導入で終わりではないし，一朝一夕で成果を上げられるものでもない。アフター・コロナでの働き方を考える際には，このことに改めて注意が必要であろう。

◆

　以上のように，大きな流れとしてみると，おそらくオフィスと在宅勤務の両方を適度にバランスさせるような働き方になっていくであろう。ただ，重要なのは，一時的な流行に惑わされずに，自社の事業や戦略と紐付けつつ，10年単位で試行錯誤しながら，自社のあるべき働き方を見いだすことである。本稿が，オフィスと働き方を見つめ直す機会となれば幸いである。

［参考文献］
・Gajendran, R. S., & Harrison, D. A. (2007). The good, the bad, and the unknown about telecommuting: Meta-analysis of psychological mediators and individual consequences. Journal of Applied Psychology, 92 (6), 1524-1541. https://doi. org/10.1037/0021-9010.92.6.1524
・Gajendran, R. S., Harrison, D. A., & Delaney-Klinger, K. (2015). Are Telecommuters Remotely Good Citizens? Unpacking Telecommuting's Effects on Performance Via I-Deals and Job Resources. Personnel Psychology, 68 (2), 353-393. https://doi.org/10.1111/peps. 12082
・稲水伸行（2019）「活動に合わせた職場環境の選択が個人と組織にもたらす影響：Activity Based Working/Officeとクリエイティビティ」『日本労働研究雑誌』, 61 (8), 52-62.
・稲水伸行, 塚本裕介, 牧島満, 里政幸（2021）「コロナ禍における働き方のデジタル・トランスフォーメーション」『研究技術計画』, 2021年36巻1号, 32-46.
・里政幸, 稲水伸行（2021）「ビジネスモデルの変革が導く働き方改革：日本マイクロソフト株式会社の事例分析」『東京大学ものづくり経営研究センター　ディスカッションペーパー』542.

プロフィール --
稲水伸行（いなみず・のぶゆき）　2003年東京大学経済学部卒業。2008年東京大学大学院経済学研究科博士課程単位取得退学。2005〜2008年日本学術振興会特別研究員（DC1），東京大学ものづくり経営研究センター特任研究員，同特任助教，筑波大学ビジネスサイエンス系准教授を経て，2016年より現職。博士（経営学）（東京大学，2008年）。企業との共同研究によるオフィス学プロジェクトを主宰。主な著書：『流動化する組織の意思決定』（東京大学出版会，第31回組織学会高宮賞受賞）。

新ガイドラインを踏まえた
テレワーク規程

第一芙蓉法律事務所　弁護士　**小鍛冶　広道**

1 テレワークに関する就業規則作成における
留意点
2 テレワークにおける労働時間管理・健康管理

【ポイント】
◎ 対象者は全従業員とし，雇用形態の違いのみで対象から除外しない
◎ 申請による許可制とし，取消条項も設ける
◎ 情報セキュリティの観点からのルールを設ける
◎ 適切な方法によるモニタリングは可能である
◎ 労働時間の把握は，自己申告時間とPC使用記録等との「突合確認」，大きな乖離があれば実態調査を行う，という方法も検討し得る

1 テレワークに関する就業規則作成における留意点

(1) 就業規則作成の要否

「就業の場所」は就業規則の必要記載事項（労基法89条）ではないため，テレワークを実施する際には必ずしも就業規則を変更する必要はない。

ただし，テレワークに要する通信費，情報通信機器等の費用負担，サテライトオフィス利用に要する費用等を負担させる場合には，その旨を就業規則に定めることが必要である（労基法89条5号）。

もっとも，テレワークを恒常的に実施するのであれば，上記費用負担の定めのほか，以下の事項について就業規則化すべきである。

---

① テレワークの対象者
② テレワークの実施プロセス
③ テレワーク勤務中の遵守事項（服務規律事項）
④ テレワーク勤務中における労働時間の設定と管理に関する事項　等

---

(2) テレワークの対象者

過去の実施例等においては，テレワークの対象者を一定の範囲の者（障害・疾病や仕事と家庭の両立の観点から特に配慮すべき状況にある者等）に限定していたケースが多かったが，新型コロナ禍以後の「ニューノーマル」においては，当然に「全従業員」を対象とすべきことになるであろう。

ただし，「テレワークの適切な導入及び実施の推進のためのガイドライン」（令和3年3月公表。以下，改正ガイドライン）（**DL7**）には，パート有期法・派遣法所定の均等・均衡待遇規制との関係で，「正規雇用労働者・非正規雇用労働者といった雇用契約の違いのみを理由としてテレワーク対象者から除外することのないよう留意する必要がある」との記載が追

加されている点には留意が必要である。正社員のみをテレワークの対象とするのであれば，「職務の内容」等により取扱いの相違が不合理でないことを説明できることが必要になる。

⑶　テレワークの実施プロセス

1）許可制／テレワーク実施命令の根拠規定

新型コロナ禍以後においては「勤務場所は労働者が自己決定できる」とする企業もあるようであるが，労働義務は「事業場に出勤したうえで就労する義務」である，という原則を維持し，あくまでも会社からの「許可」がある場合に限ってテレワークを利用できる，との制度枠組み（許可制）としたうえで，テレワーク勤務者が上長に対する報連相を十分に行わないケース，周囲との協調・協働が機能しないケース，職務専念に疑念を生じさせるケース（「テレワーク忍者」），長時間労働の懸念が存するケース等においては，いつでもテレワーク許可を取り消し，事業場における就労を命じられるようにしておくべきである。

同時に，明文の根拠のないテレワーク実施命令の可否について否定的な学説等も存することに鑑み，「会社がテレワークを指示しうる」旨の規定も設けておくべきである。

2）就業規則の条項例

実施プロセスに関する就業規則の条項例は，以下のとおりである（ DL-C1 ）。

第○条（在宅勤務の対象者）
1．在宅勤務の対象者は，就業規則第○条に規定する従業員であって，次の各号の条件をいずれも充足し所属長の許可を得た者，または会社から在宅勤務を指示された者とする。（⇒「許可制」であることを明確にするとともに，会社からの在宅勤務命令の根拠条項を挿入）
⑴　在宅勤務を希望する者
⑵　自宅の執務環境，セキュリティ環境，家族の理解のいずれも適正と認められる者

171

2．在宅勤務を希望する者は，所定の許可申請書に必要事項を記入のうえ，1週間前までに所属長から許可を受けなければならない。

3．所属長は，前項による許可申請があった場合，円滑な事業運営に関する支障の有無，労務管理・健康管理上の支障の有無等を総合的に判断し，許可するか否かを判断することができる。

4．会社は，第1項に基づき在宅勤務を指示し，または前項に基づき在宅勤務の許可を行った場合であっても，業務上または労務管理・健康管理上の必要性に基づき，いつでも指示・許可を取り消し，または特定の日・時間帯において事業場への出勤および出張業務への従事を命じることができる。(⇒許可の取消や特定日・時間における出頭指示等ができる旨の明確化)

（テレワークモデル就業規則（厚生労働省）を修正）

(4) テレワーク中の遵守事項（服務規律条項）

1）遵守事項（服務規律）に関する規定

テレワーク中の遵守事項（服務規律条項）としては，情報通信機器や情報そのものの取扱いに関するルール（情報セキュリティの観点からのルール）が中心となる。

なお，「中抜け」に関しては，裁量労働制対象者については「時間配分の決定」について使用者が具体的指示をしないことが求められている以上，許可制を採ることはできないと考える。他方，フレックスタイム制の場合は，「始業及び終業の時刻」を対象者の自己決定に委ねなければならない者に過ぎないため，（コアタイム以外でも）「中抜け」の許可制を採用するか否かは企業の自由である。

2）テレワークにおけるモニタリング実施の根拠規定

テレワークが恒常化するなか，企業の中には監視ツールを導入し，テレワークにおける社員の就業状況をモニタリングすることを検討しているところも多いと思われる。一般論としていえば，企業が各社員の労務提供の状況を管理監督するのはむしろ当然のことであり，監視ツールを導入して

テレワークにおける就業状況をモニタリングすることは原則として適法，ということになる。

　もっとも，パソコンのWEBカメラを用いて着席状況を目視確認するといった監視方法は「自宅の状況」をのぞき見することになり，プライバシー権侵害の問題を生じさせるものであるため，用いるべきではない。

　また，個人情報保護法の観点からは，監視ツールにより取得される情報（WEBサイトへのアクセス状況やソフトウェアの稼動状況に関する情報，画面キャプチャ等）は個人情報にほかならないので，企業（個人情報取扱事業者）がこれら個人情報を取得するに際しては，その利用目的を特定し，通知・公表しなければならない（個人情報保護法15条1項・18条1項）。つまり，「モニタリングの目的」の明示が必要であり，この点についてあらかじめ就業規則化し，周知しておくことが考えられる。企業によるモニタリングの権限をあらかじめ就業規則化しておくことにより，プライバシー権を巡るトラブルが生じることを回避する効果も期待できるところである。

　なお，監視ツールによりテレワークにおける就業状況を常時監視すれば，事業場外みなし労働時間制の適用が否定されるリスクも高まる。

3）就業規則の条項例

　服務規律に関する就業規則の条項例（モニタリングに関する条項例を含む）は，以下のとおりである（DL-C2）。

第○条　（在宅勤務時の服務規律）
　在宅勤務に従事する者は，就業規則第○条およびセキュリティガイドラインに定めるもののほか，次に定める事項を遵守しなければならない。
　(1)　許可申請書に記載された就業場所以外での業務は行わないこと。
　(2)　会社から貸与されたPCおよび情報通信機器を用いて業務を遂行すること。
　(3)　会社から所定の手続きを経て持ち出した情報，および在宅勤務における作業の経過および成果について，第三者（家族を含む）が閲覧・コピーしないように最大の注意を払うこと（ディスプレイ表示をしたままの離席や，セキュリティガイドラインに反する複写・複製は行わないこと）
　(4)　在宅勤務中は職務に専念し，所定勤務時間中にやむを得ず私的行為を行う場

合は所属長の許可を得ること。

(5) 会社から所定の手続を経て持ち出した情報，および在宅勤務における作業の経過および成果については，紛失，棄損しないように丁寧に取り扱い，セキュリティガイドラインに則って保管・管理すること。

第○条（就業状況のモニタリング）

1．会社は，以下のいずれかの目的により，在宅勤務における会社貸与PCの稼動状況・利用状況についてモニタリングを実施することができる。

　① 在宅勤務者の労働時間および労働時間の状況を適正に把握するため

　② 在宅勤務者の業務効率を把握するため

　③ 法令・社内諸規則（本規程，就業規則およびセキュリティガイドラインを含むが，これらに限定されない）に違反する行為，その他不正行為について調査するため

2．前項によるモニタリングについては，人事総務部長を実施責任者とし，同人において実施の可否，実施の期間・対象・方法等，および実施担当者を決定する。

（テレワークモデル就業規則（厚生労働省）を修正）

(5) 費用負担／テレワーク手当の取扱い

　テレワークにおける費用負担の状況としては，情報通信機器については会社が貸与しつつ，通信回線費用や光熱費については個人負担とするケースが多いように思われる。

　他方，通信回線費用や光熱費の個人負担の見返りとして，テレワーク手当を日額／月額で支給する企業が増えている。テレワーク手当の金額については，日額200〜250円，月額4,000〜5,000円が定着してきたように思われる。

　ただし，テレワーク手当は割増賃金の算定基礎に含まれるので，注意が必要である。特に，日額で支給する場合には「日によって定められた賃金」（労基則19条1項2号）として扱わざるを得ないように思われる。

　なお，改正ガイドラインでは，「実際の費用のうち業務に要した実費の金額を在宅勤務の実態（労働時間等）を踏まえて合理的・客観的に計算し，支給することも考えられる」との記載が追加されている。

2　テレワークにおける労働時間管理・健康管理

(1)　テレワークにおける労働時間の把握

　旧ガイドラインにおいては，テレワークにおける労働時間の把握についても「労働時間適正把握ガイドライン」（平成29年1月20日策定）が適用される旨が明言されていたのに対し，改正ガイドラインでは，テレワークにおいては「労働時間適正把握ガイドライン」が直接適用されるものではないとされたようである。しかしながら，テレワークにおいて「労働時間適正把握ガイドライン」に基づく行政指導実務と同様に，「自己申告時間と客観的記録を突合確認する仕組みを導入すること」まで求められているのかどうかは，改正ガイドラインの記載からは必ずしも明確ではない。

　実務上は，テレワークの場合も自己申告時間とPCの使用状況の記録等を突合確認する仕組み自体については導入しつつ，事業場内における労働の場合とは「突合確認」の「精度」「粒度」を下げる（たとえば，事業場内労働の場合は1日●時間以上の乖離がある場合に実態調査を行うのに対し，テレワークの場合は1日△時間以上の乖離がある場合に限って実態調査を行う）という方法も考慮に値すると思われる。

(2)　事業場外労働みなし労働時間制(労基法38条の2)適用の留意点

1)　適用要件

　改正ガイドラインにおいては「事業場外労働みなし制」の適用条件として，以下の①②をいずれも満たすことを要求している。

> ①　情報通信機器が，使用者の指示により常時通信可能な状態におくこととされていないこと
>
> ②　随時使用者の具体的な指示に基づいて業務を行っていないこと

175

　上記適用条件については旧ガイドラインと同様なのであるが，WEB会議システムの急激な導入進展により，テレワークでありながらも，実際には事業場での就業時と同程度のマイクロマネジメントが行われているケースも増えてきているようであり，前記②の要件を満たさないケースが増えてきているように思われる。

　また，事業場外労働みなし制は，一部でも事業場外労働があれば常に「所定労働時間みなし」でよい，という制度ではなく，もともと「適正な運用」が難しい制度である（特に「一部事業場内・一部在宅＝事業場外」となる場合（昭63.1.1基発１号）など）。

　テレワークにおいて「事業場外労働みなし制」を適用している企業が少数に留まっているのは，こうした問題点が影響しているものと思われる。

2）「労働時間の状況」の把握

　テレワーク勤務者に「事業場外労働みなし制」を適用する場合でも「労働時間の状況」（安衛法66条の８の３）の適用はある。「労働時間の状況」とは「労務を提供しうる状況にある時間」のことであり，労基法上の労働時間（実労働時間）とは必ずしも一致しない。

　「労働時間の状況」の把握方法については，行政解釈により，「原則として，タイムカード，パーソナルコンピュータ等の電子計算機の使用時間（ログインからログアウトまでの時間）の記録，事業者（事業者から労働時間の状況を管理する権限を委譲された者を含む。）の現認等の客観的な記録により，労働者の労働日ごとの出退勤時刻や入退室時刻の記録等を把握しなければならない」のであって，「やむを得ず客観的な方法により把握し難い場合」に限り，対象従業員の自己申告による把握が許容される，とされている（平30.12.28基発1228第16号の第２・問８および問11）。

　さらに，行政解釈では，「労働者が事業場外から社内システムにアクセスすることが可能であり，客観的な方法による労働時間の状況を把握できる場合」や「パーソナルコンピュータの使用時間の記録などのデータを有する場合」については，自己申告による把握のみにより「労働時間の状況」を把握することは認められない，ともされている（同問12）。

こうした行政の考え方に従うのであれば，テレワーク勤務者について事業場外みなし制を適用している場合であっても，多くの場合は，自己申告ではなく，PCの使用時間記録や社内システムへのアクセス記録等の「客観的な方法」により「労働時間の状況」を把握しなければならない，ということになる。

⑶　勤務時間の一部においてテレワークを行う場合の移動時間

　自宅・労務提供場所間の「出勤」「退勤」のための移動時間＝通勤時間は（客先等への直行・直帰時間も含め）原則として労働時間ではない，と解されているのに対し，労務提供場所間の移動時間（たとえば，事業場←→客先）については，通常は労働時間と解されている。

　そのため，テレワーク就業場所（自宅・サテライトオフィス）と事業場・客先等の間の移動時間は労働時間かどうかが問題となる。

　この問題に関して，改正ガイドラインには，「労働者による自由利用が保障されていれば，休憩時間として取り扱うことが考えられる。一方で，例えば，テレワーク中の労働者に対して，使用者が具体的な業務のために急きょオフィスへの出勤を求めた場合など，使用者が労働者に対し業務に従事するために必要な就業場所間の移動を命じ，その間の自由利用が保障されていない場合の移動時間は，労働時間に該当する」との記載がなされている。

　実務上は，「最短の移動時間で移動することを義務づけられている場合」以外については，（移動中に業務従事している場合等を除き）労働時間ではない，という基準でよいと思われる。

⑷　始業・終業時刻の繰上げ・繰下げ，休憩時間の変更

1）問題となる例

　テレワークにおいては，労働者の自己判断による始業・終業時刻の繰上げ・繰下げ，休憩時間の変更等を認めることとしたほうが適切なのではないか，と考えている企業も多いと思われる。たとえば，以下のような運用

が考えられる。

・定時勤務制において，テレワーク対象者が自己判断で，始業・終業時刻を一定の範囲（たとえば前後2時間以内）において繰上げ・繰下げしたり，休憩時間帯の変更（繰上げ・繰下げや分割）を行う

・定時勤務制において，テレワーク対象者が自己判断で，労働時間の途中に休憩時間（無給）を追加するとともに，その分だけ終業時刻を繰り下げる

【例】始業9時00分～終業18時00分，休憩時間は途中で1時間，とされている企業において，テレワーク対象者が自己判断で休憩時間を最長1時間（15分単位）追加するとともに，追加分だけ終業時刻を繰り下げる

これらの運用については，いずれも緊急的・時限的対応であれば，就業規則上の根拠なく実施できるが，恒常的に制度として実施するのであれば，その旨の就業規則の定めを設けるべきである（労基法89条1号）。

ただし，休憩時間一斉付与原則（労基法34条2項本文）の適用事業場において，休憩時間帯の変更を認めるためには，交替休憩制に関する労使協定（同条項ただし書）が必要になる点には注意が必要である。

2）就業規則の条項例

自己判断による始業・終業時刻，休憩時間帯の変更等に関する就業規則の条項例は，以下のとおりとなる（DL-C3）。

第○条（在宅勤務時の労働時間等）

1．在宅勤務時の始業・終業時刻および休憩時間については，就業規則第○条の定めるところによる。

2．前項の定めにかかわらず，在宅勤務者は前項の始業・終業時刻および休憩時間を前後2時間の範囲で繰上げ，または繰下げすることができる（繰上げ・繰下げの単位は15分単位とする）。また，在宅勤務者は，○○時○○分から○○時○○分の間において，合計1時間の休憩を2回に分割して取得することができる（分割の単位は15分単位とする）（⇒休憩の実質を確保するため，分割取得は15分単

位としている)
3．在宅勤務者は，前項による始業・終業時刻および休憩時間の繰上げ・繰下げ，ならびに休憩の分割取得について，電子メールにて○労働日前までに所属長に連絡しなければならないものとする。○労働日前までに連絡できなかった場合の始業・終業時刻および休憩時間の繰上げ・繰下げ，ならびに休憩の分割取得については，所属長の承認を要するものとする。
4．在宅勤務者は，○労働日前までに所属長の承認を得ることにより，その終業時刻（第2項および前項により繰上げ・繰下げされた後の終業時刻を含む）を2時間の範囲で繰り下げるとともに（繰下げの単位は15分単位とする），繰り下げた時間数に相当するだけ，労働時間の途中に休憩を追加取得することができる（1日の所定労働時間は変更しないものとする）。なお，繰下げ時間が30分を超える場合は，追加取得する休憩は15分単位で分割することができる。

（テレワークモデル就業規則（厚生労働省）を修正）

(5)　テレワークとメンタルヘルス

　改正ガイドラインにおいては，「自宅等でテレワークを行う際のメンタルヘルス対策の留意点」という項目が追加され，「テレワークでは，周囲に上司や同僚がいない環境で働くことになるため，労働者が上司等とコミュニケーションを取りにくい，上司等が労働者の心身の変調に気づきにくいという状況となる場合が多い」との注意喚起が行われるとともに，「テレワークを行う労働者の安全衛生を確保するためのチェックリスト（事業者用）」を活用する等により，健康相談体制の整備や，コミュニケーションの活性化のための措置を講じることが望ましい旨が記載された。

　同「チェックリスト」については，以下のチェック項目が設けられている点が参考になる。

☑　健康相談の体制整備（注：安衛法13条の3に基づく努力義務）については，オンラインなどテレワーク中の労働者が相談しやすい方法で行うことができるよう配慮しているか。

☑　上司等が労働者の心身の状況やその変化を的確に把握できるような取組を行っているか（定期的なオンライン面談，会話を伴う方法による日常的な業務指示等）

> ☑ 同僚とのコミュニケーション，日常的な業務相談や業務指導等を
> 円滑に行うための取組がなされているか（定期的・日常的なオンラ
> インミーティングの実施等）

　特に注意を要する点が「新入社員」「中途採用の社員」「異動直後の社員」である。改正ガイドラインの基となった検討会報告書（2020年12月25日）には，「対面と比較してコミュニケーションが取りづらいテレワークのみではなく，出社と組み合わせる等の対応が考えられる」と記載されている点が参考になる。

⑹　テレワークにおける作業環境整備

　企業においては，新型コロナウイルス感染症対策として緊急避難的にテレワークを実施した経緯から，テレワークの行われる自宅等の作業環境の確認が満足に行われていないケースが多い。

　改正ガイドラインにおいては，「自宅等においてテレワークを行う際の作業環境を確認するためのチェックリスト（労働者用）」が追加されるとともに，事業者は当該チェックリスト等を活用することにより，自宅等の作業環境に関する状況の報告を求めるとともに，必要な場合には，労使が協力して改善を図る，または自宅以外の場所（サテライトオフィス等）の活用を検討することが「重要である」と明記された。

　今後は，①在宅勤務における作業環境が劣悪で健康障害が予想されるのに必要な結果回避措置（サテライトオフィスの活用等）をとらなかった場合はもとより，②そもそも在宅勤務における作業環境の確認を行わなかった（その結果，劣悪な作業環境で継続的に在宅勤務を行った従業員に健康障害が発生した）場合についても，安全配慮義務違反の責任を問われる可能性はある，と考えておくべきである。

プロフィール ---

小鍛治広道（こかじ・ひろみち）　早稲田大学法学部卒業。1998年弁護士登録（第50期），第一扶養法律事務所入所。近時の著作として，「2022年度版就業規則・諸規程等の策定・改定，運用ポイント」（産労総合研究所『労務事情』2022年２月１日号），『新型コロナウイルス影響下の人事労務Q&A』（中央経済社・編著代表）など。

在宅勤務手当は課税対象となるか

あすか会計事務所　税理士・社会保険労務士　安田　大

1 課税される場合

2 非課税となる場合

3 事務用品等の貸与

4 在宅勤務のために通常必要な費用

5 通信費・電気料金

6 合理的計算方法

7 レンタルオフィス使用料

8 消毒費用・PCR 検査費用

9 支給方法

【ポイント】

◎ 毎月定額支給で費用として使用しなくても返還する必要のないもの
　は課税

◎ 事務用品や物品等を貸与でなく支給している場合は課税

◎ 通常必要な費用の実費相当額を精算して支給する場合は非課税

在宅勤務（テレワーク）を実施する際に，在宅勤務手当を支給しようと
考える企業も少なくない。このような場合，所得税の課税対象とする必要
があるのだろうか。

> **ポイント**
> 　毎月定額支給の在宅勤務手当などで，通常必要な費用として使用し
> なくても返還する必要がないもの，事務用品等の支給については課税
> 対象となる。在宅勤務手当が，在宅勤務に通常必要な費用について，
> その費用の実費相当額を精算する方法により支給する一定の金銭に該
> 当する場合には，所得税は課税されない。

1　課税される場合

　在宅勤務手当のうち，毎月定額支給など従業員が在宅勤務に通常必要な
費用として使用しなかった場合でも，その金銭を企業に返還する必要がな
いものについては，所得税の課税対象となる。
　また，業務用のパソコンなどの事務用品等や環境整備に要する物品等に
ついて，従業員に貸与するのではなく，支給（所有権を移転）した場合に
も，現物給与として課税対象となる。
　なお，課税対象となる場合には，源泉徴収も必要となる。

2　非課税となる場合

　在宅勤務手当が，在宅勤務に通常必要な費用について，その費用の実費
相当額を精算する方法により支給する一定の金銭に該当する場合には，所
得税は課税されない。
　在宅勤務に通常必要な費用としては，業務用のパソコンなどの事務用品

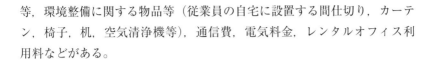

等，環境整備に関する物品等（従業員の自宅に設置する間仕切り，カーテン，椅子，机，空気清浄機等），通信費，電気料金，レンタルオフィス利用料などがある。

3　事務用品等の貸与

業務用のパソコンなどの事務用品等や環境整備に関する物品等について従業員に支給するのではなく，貸与（業務に使用しなくなった場合は返却を要する）している場合は，原則として課税されない。

なお，たとえば，従業員に専ら業務に使用する目的で事務用品等を「支給」という形で配付し，その配付を受けた事務用品等を従業員が自由に処分できず，業務に使用しなくなったときは返却を要する場合も，「貸与」とみて差し支えないこととされている。

4　在宅勤務のために通常必要な費用

在宅勤務のために通常必要な費用（たとえば，勤務時に使用する通常必要なマスク等の消耗品費）についても，その費用を精算する方法により，従業員に対して支給する一定の金銭（金銭の支給ではなく，マスク等を直接配付する場合も含む）について課税する必要はない。

ただし，在宅勤務のために通常必要な費用以外の費用（たとえば，勤務とは関係なく使用するマスク等の消耗品費）や従業員の家族などを対象に支給するものについては，従業員に対する給与として課税されることになる。

5　通信費・電気料金

通信費・電気料金については，家事部分を含めて負担している金額のうち，

第Ⅲ章
[2]
──テレワーク

業務のために使用した部分を合理的に計算して支給することが前提となる。

電話料金のうち通話料については，通話明細書等により確認した業務のための通話料金は課税対象外となる。

（注）業務のための通話を頻繁に行う業務（たとえば，営業担当や出張サポート担当など，顧客や取引先等と電話で連絡を取り合う機会が多い業務）に従事する従業員については，通話明細書等による業務のための通話にかかる料金に代えて，たとえば，下記「合理的計算方法」①の算式を使用して，業務のための通話にかかる料金を算出しても差し支えないとされている。

基本使用料やインターネット接続にかかる通信料，電気料金については，業務のために使用した部分として合理的に計算した部分は，課税対象外となる。

なお，従業員本人が所有するスマートフォンの本体の購入代金や業務のために使用したと認められないオプション代等（本体の補償料や音楽・動画などのサブスクリプションの利用料等）を会社が負担した場合には，その負担した金額は課税対象となる。

6　合理的計算方法

業務のために使用した部分の計算方法として，たとえば次の方法による場合は，合理的であるとされている。

① 通信費

月額料金×当月の在宅勤務日数÷当月の日数×1/2

② 電気料金

月額料金×業務使用した部屋の床面積÷家屋の床面積×当月の在宅勤務日数÷当月の日数×1/2

（注）上記①②の算式中の1/2は，1日（24時間）のうち睡眠時間として8時間を差し引いた16時間に占める法定労働時間8時間の割合によっている。この算式によらずに，より精緻な方法で業務のために使用した金額を算出することもできる。

[通信費の業務使用部分の計算例]

●ケース

　企業が，従業員に対して，次のとおり従業員本人が所有するスマートフォンにかかる料金4,800円（令和2年9月分）を支給し，上記により業務使用部分の計算をすることとした場合

・基本使用料：3,000円（3GBまで無料）

・データ通信料：1,000円（3GB超過分）

・業務使用にかかる通話料（通話明細書より）：800円

・在宅勤務日数：15日

※　上記金額はすべて消費税等込みの価格。

●計算方法

　次のとおり，基本使用料とデータ通信料のうち業務のために使用した部分の金額を除いた金額3,000円について，従業員に対する給与として課税する必要がある。

① 　通話明細書より確認した業務使用にかかる通話料（800円）については，課税する必要はない。

② 　基本使用料やデータ通信料については，次の算式により算出した金額（3,000円）を，従業員に対する給与として課税する必要がある。

$$\text{業務のために使用した通信費} = 4{,}000円 \times \frac{15日}{30日} \times \frac{1}{2}$$

　　　　　　　　　　　[従業員が負担した1カ月の通信費]　[その従業員の1カ月の在宅勤務日数 / 該当月（9月）の日数]

$$= 1{,}000円（1円未満切上げ）$$

$$\text{給与として課税すべき金額} = 4{,}000円 - 1{,}000円$$

$$= 3{,}000円$$

国税庁「在宅勤務に係る費用負担等に関するFAQ（源泉所得税関係）」（令和3年5月31日）（DL8）より

[電気料金に係る業務使用部分の計算方法の例]

例えば，次の算式により算出したものを従業員に支給した場合には，従業員に対する給与として課税する必要はない。

$$
\begin{array}{l}
\text{業務のため} \\
\text{に使用した} \\
\text{基本料金や} \\
\text{電気使用料}
\end{array}
=
\begin{array}{l}
\text{従業員が負担} \\
\text{した1カ月の} \\
\text{基本料金や電} \\
\text{気使用料}
\end{array}
\times
\dfrac{\begin{array}{c}\text{業務のために}\\\text{使用した部屋}\\\text{の床面積}\end{array}}{\text{自宅の床面積}}
\times
\dfrac{\begin{array}{c}\text{その従業員の}\\\text{1カ月の在宅}\\\text{勤務日数}\end{array}}{\text{該当月の日数}}
\times
\dfrac{1}{2}
$$

上記の算式によらずに，より精緻な方法で業務のために使用した基本料金や電気使用料の金額を算出し，その金額を企業が従業員に支給している場合についても，従業員に対する給与として課税する必要はない。

国税庁「在宅勤務に係る費用負担等に関するFAQ（源泉所得税関係）」（令和3年5月31日）（**DL8**）より

7　レンタルオフィス使用料

従業員が，自宅での在宅勤務が難しいような場合に，勤務時間内に自宅近くのレンタルオフィス等を利用して在宅勤務を行った場合の使用料について，業務にのみ使用していれば課税対象にはならない。

8　消毒費用・PCR検査費用

新型コロナウイルス感染症に関する感染予防対策として，在宅勤務に関連して自宅の業務スペースを消毒する必要がある場合の外部業者への委託費用や企業の業務命令によるPCR検査費用など業務のために通常必要な費用についても，課税対象にはならない。

　ただし，従業員が自己の判断により支出した消毒費用やPCR検査費用など業務のために通常必要な費用以外の費用については，給与として課税する必要がある。

9　支給方法

　上記の在宅勤務に通常必要な費用の支給方法について，事務用品等や環境整備に関する物品等については，会社が従業員に対して，在宅勤務に通常必要な費用として金銭を仮払いした後，その領収証等を会社に提出して精算する方法でも，従業員が立替払いして購入した後で，その領収証等を会社に提出して会社から支給を受ける方法であっても，実費相当額の精算が行われていれば問題はない。

　また，通信費・電気料金については，従業員が家事部分を含めて支払った通信費や電気料金について，業務のために使用した部分を合理的に計算した金額を会社が支給する方法で問題ない。

プロフィール---

安田　大（やすだ・だい）　　1993年，税理士・社会保険労務士登録，開業。現在，あすか会計事務所代表。元青山学院大学大学院非常勤講師。事務所経営の傍ら，書籍・雑誌の執筆やセミナー講師，また社会福祉法人，公益財団法人等の監事を務める。著書に，『Q&A人事・労務専門家のための税務知識』（中央経済社）など。

MEMO

職場の安心・安全

確認しておきたいパワハラ対策

杜若経営法律事務所　弁護士　**向井　蘭**

【ポイント】

◎ 事業主が講ずべき義務として，主に以下の4つがある

　1）事業主の方針等の明確化およびその周知・啓発

　2）相談に応じ適切に対応するために必要な体制整備

　3）パワハラ事後の迅速かつ適切な対応

　4）1）～3）と併せてプライバシーの保護，その旨の周知，不利益
　　取扱いの禁止

◎ パワハラ申告者ヒアリングマニュアル，パワハラチェックリストの例を
　提示する

　パワーハラスメントの防止措置について，大企業が2020年6月1日から，中小企業が2022年4月1日から義務化されている。本稿では，防止措置の内容を確認したうえで，特に留意が必要となる相談窓口対応に関するマニュアル例と，管理職研修等で活用できる「パワハラチェックリスト」を紹介する。

1　パワハラの定義と企業の義務

　2019年5月29日，「労働施策の総合的な推進並びに労働者の雇用の安定および職業生活の充実等に関する法律」（以下，労働施策総合推進法）が成立した。大企業については，2020年6月1日，中小事業主は2022年3月31日が施行日となる。

　労働施策総合推進法は，パワーハラスメント（以下，パワハラ）の定義を法律として初めて示すとともに企業（事業主）に対し，パワハラ防止のための相談体制の整備等の措置を講じることを義務づけている。労働施策総合推進法30条の2は，「事業主は，職場において行われる優越的な関係を背景とした言動であって，業務上必要かつ相当な範囲を超えたものによりその雇用する労働者の就業環境が害されることのないよう，当該労働者からの相談に応じ，適切に対応するために必要な体制の整備その他の雇用管理上必要な措置を講じなければならない」と定めている（同条1項）。

　この措置義務に違反した場合について，直接の罰則規定はないが，かかる義務違反は厚生労働大臣の勧告の対象となるうえ，この勧告にも従わない場合は，その旨を公表されることも予定されている（同法33条2項）。

2　措置義務の内容

　事業主に課せられた義務は「雇用管理上必要な措置を講じること」（同法30条）とされ，2020年1月に示された「事業主が職場における優越的な

関係を背景とした言動に起因する問題に関して雇用管理上講ずべき措置等についての指針」（**DL1**）にて具体的な措置の内容が記載されている。

　そのなかでは，主に以下の１～４が事業主が講ずべき義務とされている。

　１）事業主の方針等の明確化およびその周知・啓発

　２）相談（苦情を含む）に応じ，適切に対応するために必要な体制の整備

　３）職場におけるパワーハラスメントに係る事後の迅速かつ適切な対応

　４）１）～３）までの措置と併せて，相談者・行為者等のプライバシーを保護すること，その旨を労働者に対して周知すること，パワハラの相談を理由とする不利益取扱いの禁止

　つまり，パワハラに対する社内方針の明確化と周知・啓発（具体的には就業規則の整備，社内研修），相談体制の整備，被害を受けた労働者へのケアや再発防止について，適切な措置を取ることが求められていることになる。

3　相談窓口対応

　本稿では，紙幅の都合上，相談窓口対応のすべてに触れることはできないが，以下に「相談の流れ」，そして「相談受付」「相談内容の整理」「事実関係の確認・調査，第三者への事実関係の調査」「行為者・相談者へのとるべき措置を検討・決定」について必要なマニュアルを紹介する。

(1)　相談の流れ

　一般的なパワハラ相談・会社対応の流れは次のようになる。単に相談を受け付けるだけではなく，処分等を決定し，再発防止策の決定・実施までが必要な措置として求められている。

第Ⅲ章【3】── 職場の安心・安全

> 相談窓口の設置・周知　➡相談受付　➡相談内容の整理　➡事実関係の確認・調査，第三者への事実関係の調査　➡行為者・相談者へのとるべき措置を検討・決定　➡行為者・相談者の双方への説明・処分・人事措置の通知　➡再発防止策の決定・実施

(2)　パワハラ申告者のヒアリング

　図1は，上記の「相談受付」「相談内容の整理」で用いるパワハラ申告者ヒアリングマニュアルの例である（**DL-D**）。ヒアリングの各段階で何を確認するのか，またその際の留意点についてもまとめている。

　積極的に話をしない場合の対応など，展開に応じた情報を引き出すための会話例を盛り込んでいるので，参考とされたい。

(3)　「事実関係の調査」「措置の検討・決定」

　次に，申告者からのヒアリング内容を基に，第三者への事実関係の確認・調査を進め，行為者や申告者への対応を検討・決定していく。**図2**は，各種ヒアリング後の社内マニュアルの例である（**DL-E**）。

4　パワハラチェックリストの活用

(1)　加害者に自覚を促す

　パワハラを予防するためには，パワハラ加害者もしくは今後パワハラを行う可能性のある者に，それを自覚してもらう必要がある。ところが，これは非常に難しい。

　加害者が自らの部下に対する注意や指導が，パワハラに該当すると自覚している場合はほぼ皆無である。被害申告が出て初めて自分がパワハラ加害者として，少なくとも被害者に認識されていたことを知ることになる。

図1　パワハラ申告者ヒアリングマニュアル例

申告者ヒアリングに際しての留意点

1　事実の確認
　いつ、だれが、どこで、何をしたのか
　※なぜ事実の特定が必要かを説明する。
　「事実を特定しないと裏付け確認や処分・処罰ができないので協力をお願いしています」
　※時期が特定できない場合の誘導
　「前後にどのようなやりとりがありましたか？」「やりとりの内容からするといつごろのこ
　とでしょうか」
　※自分の感情のみを話し、具体的な出来事を話さない場合の対応
　「お気持ちはよくわかります。ただ、何があったかを特定しないと先に進めませんので、
　ご協力お願いします」

2　証拠の有無
　メール・チャット・録音の有無
　※パワハラ行為前後のメール、チャットでもよい　例：パワハラ被害直後の同僚への相談

3　行為者に申告があったことを伝えることを望むか
　※行為者に伝えることを望まない場合の限界について説明する。
　「本人に言い分を聞けないので懲戒処分はできない。人事異動については場合によって可
　能だが、本人の言い分を聞かないと異動までできない場合もある」

4　暫定的な人事措置に対する希望
　申告者もしくは相談者の速やかな異動を望むか？
　※希望のとおりに異動が実現するとは限らないことを伝える。
　被害・加害行為が証拠により明確であり、更なる加害行為が行われる可能性が高いのであ
　れば、この段階で行為者の人事異動を行う、自宅待機を行う場合もある。

5　事実の共有の範囲に関する希望の聴取
　「誰まで事実を共有してよいか」「だれには伝えないほうがよいか」を明確にする
　※明確にしないと「職場に居づらくなった」との二次被害の申告を受けることもある。

6　行為者に対する希望
　人事措置、懲戒処分について
　※希望に添えるかはわからないと念押しをすること

7　体調について
　心療内科への通院の有無の確認、休養の必要性についてヒアリングをする
　※すでに休養の必要性があるとの診断がなされていれば、速やかに休養させる。

8　記録
　所定の用紙に記録をまとめる。複数回ヒアリングすることが通例であり、供述内容が変化
　する可能性がある。そのためにも記録を詳細に残すことが必要である。録音する際は申告
　者の同意を取る。

図2　社内対応マニュアル例

各種ヒアリング後の社内対応マニュアル
1　事実の共有範囲
情報の共有者には口外禁止を念押しする。共有しているのはだれか明確に伝える。
2　証拠の吟味
本人のメモ、メールやチャットの履歴、録音はないか。パワハラ行為前後のメールやチャットの履歴でもよい。人間の記憶はあてにならず、より客観性の高い証拠をもとに認定する必要がある。
相談者と行為者との人間関係についても検討する。相談者が行為者に悪意をもっている場合、大げさもしくは事実と異なるパワハラ申告を行うこともある。
3　暫定的な社内対応の決定
行為者のパワハラ行為が過去にあり、現在も継続している可能性が高い場合は、被害がさらに拡大しないように暫定的に行為者を異動させる（もしくは自宅待機）。その際、相談者への報復や威迫行為を行わないように念を押す。
4　人事措置
人事異動が必要か、行為者を異動することが通常であるが、行為者が業務上余人をもって代えがたい場合は、相談者を異動することも検討する。
管理職として適性がないと判断した場合は管理職から降格する。
受入先の有無、受入先への情報共有（口外禁止も念を押す）
5　懲戒処分
就業規則の懲戒事由等の確認、懲罰委員会の実施が必要か否かの確認（就業規則に明記あり）、過去の事例との比較
6　再発防止措置
行為者が再びパワハラ行為を行うことも多いため、定期的な面談とアンケート・ヒアリングを続ける。

そのため、加害者に自覚を促す、もしくは注意喚起を促すことがパワハラ予防に効果的である。

(2) パワハラチェックリストの活用

ア　作成の目的

　表が、筆者の作成したチェックリストである（DL-F）。このチェックリストは、管理職等に回答してもらうことを想定している。なかには「え、これもパワハラにあたるのだろうか？」と思われる項目や、それ自体はパワハラとは直接関係がない項目もある。場合によっては「この質問、おかしいだろう」という反応もあるかもしれない。

　なんらかの形で自覚もしくは議論を促すことが目的であるため、この項

表　パワハラチェックリスト

職場環境チェックリスト

過去1年間に起きた出来事や自らにあてはまる場合「はい」にチェックしてください。

内　容	はい	いいえ	内　容	はい	いいえ
1. 部下を60分以上連続で指導したことがある			16. 飲酒は鍛えれば（飲む量を増やせば）飲めるようになると思う		
2. 部下を立たせたまま指導をすることがよくある			17. 部下の私生活について注意をすることがある		
3. 部下を指導する際、机を叩いたことがある			18. 仕事は上司から盗んで覚えるものだ		
4. 部下を指導する際、物を投げたことがある			19. 「パワハラ」被害等を主張する若者の考えについては正直理解ができない		
5. 部下を指導するときは、ほとんどの場合個室ではなく一般オフィスで行う			20. 部下に意欲や能力がないと感じることが多い		
6. 指導メールに同じ部署全員や他部署関係者もCCに入れる			21. 部下が自分に対して反論や異論を述べたことはほとんどない		
7. 「○さんはパワハラよくしますからね」「それパワハラですよ」と冗談を言われたことがある			22. 正直、「パワハラ」等の言葉がなかった昔の時代のほうがよかったと思う		
8. 「その指導は行き過ぎではないか」「厳しい指導は程々にしたほうがよいのではないか」と同僚や上司から言われたことがある。			23. 納期が近づいても部下に任せて先に帰宅することがよくある		
9. 部下を指導して部下が泣いたことがある			24. 顧客からのクレームについて部下と一緒にお詫びをしたことがない（クレームがない場合は「いいえ」）		
10. 部下を「お前」と呼んだことがある			25. 部下については義務を果たしてから権利（有給休暇、残業代等）を主張してほしい		
11. 部下に対して（ニュアンスは別として）「バカ」「アホ」「死ね」「クズ」と言ったことがある			26. 台風が会社付近を直撃しても電車が動いていれば（道路が通行できるのであれば）出勤するのは当然である		
12. 部下に対して「給料泥棒」「君は会社にとって不要の存在だ」「役に立たない」等の発言をしたことがある			27. 顧客のために徹夜が必要ならば徹夜をするのは当然だ		
13. 部下が精神疾患に罹患したことがある			28. 部下を褒めると現状で満足してしまうので褒めることはしない		
14. 配属6カ月以内に部下が退職したことがある			29. 忘年会等で新入社員が芸を披露するのは当然だ		
15. 休日に（休日中に対応が必要な）仕事のメール・チャットや電話を部下に行うことがある			30. 顧客の理不尽な要求に苦しむ部下がいてもそれは致し方ないことである		
			計		

年　　月　　日

氏名

197

目に該当するからといってパワハラを行っていることにはならない。ただ
し，項目にあてはまることが多ければ多いほど，パワハラを行っている可
能性が高いと考えられる。それを踏まえて，自らの気づき・振返りに利用
してもらうために作成した。

イ　利用の仕方

①　パワハラに関する管理職研修において使用する

管理職研修はパワハラ予防には有効ではあるが，効果は限定的といえ
る。なぜならば，筆者の経験上「自分は関係がないが仕方がなくパワハラ
講習を聞いている」という管理職が相当数いるからである。そこで，パワ
ハラに関する管理職研修の前に，もしくは管理職研修のなかでパワハラ
チェックリストを記入してもらい，自覚を促すことでパワハラ研修の実効
性を高めることが可能である。

②　定期的に自己を振り返るために使用する

管理職が定期的にパワハラチェックリストを記入することで，自己を振
り返ることが期待できる。同じチェックリストであっても，定期的に記入
すれば，そのおかれた状況に応じて考え方が変わり，パワハラチェックリ
ストについても回答が変わる可能性がある。このように，客観的に自分を
見つめるために有用といえる。

③　人事総務部等との定期面談に利用する

人事総務部等が管理職との面談において，被害申告がないにもかかわら
ず「あなたはパワハラをしていますか」「あなたの行為はパワハラにあた
る可能性がありますよ」と指摘することは現実的に難しいといえる。一
方，パワハラチェックリストについては，管理職自身が自分で記入するこ
とで自覚を促すことが可能である。そして人事総務部も，パワハラチェッ
クリストの記入結果についてコミュニケーションを取ることが可能とな
り，予防のための話合い等を行うことができるのである。

(3)　パワハラチェックリスト（各論）

ここからは，チェックリスト（図表3）の各項目について，カテゴリー
ごとに詳細にみていきたい。

ア　指導方法について

「１．部下を60分以上連続で指導したことがある」

「２．部下を立たせたまま指導をすることがよくある」

「３．部下を指導する際，机を叩いたことがある」

「４．部下を指導する際，物を投げたことがある」

「５．部下を指導するときは，ほとんどの場合個室ではなく一般オフィスで行う」

「６．指導メールに同じ部署全員や他部署関係者もCCに入れる」

　　→物を投げるなどは論外だが，時間や場所，メールのCCの入れ方などは心あたりのある人がいるかもしれない。このパワハラチェックリストを通じて，自覚を促せればパワハラ予防に役に立つであろう。

「12．部下に対して『給料泥棒』『君は会社にとって不要の存在だ』『役に立たない』等の発言をしたことがある」

　　→会社に対する貢献度が低かったとしても，設問のような発言は相手を侮辱する言動であり，パワハラに該当する可能性が高い。このような言葉を日常的に使っているのであれば，いますぐ言動を改める必要がある。

イ　周囲の反応

「７．『○さんはパワハラよくしますからね』『それパワハラですよ』と冗談を言われたことがある」

「８．『その指導は行き過ぎではないか』『厳しい指導は程々にしたほうがよいのではないか』と同僚や上司から言われたことがある」

　　→パワハラを日常的に行っている場合，実はやんわりと周りが注意喚起をしている場合がある。このような場合は，パワハラもしくはパワハラに該当する可能性のある行為を行っている可能性がある。

ウ　関連発生事実

「９．部下を指導して部下が泣いたことがある」

　　→特段の事情がないかぎり，通常の注意・指導を受けて，部下等が泣くことはない。このような場合は，感情的な注意指導や人格非難を行っている可能性が高く，パワハラを行っている可能性がある。た

またま，部下が被害申告をしなかっただけであり，被害申告を行えばパワハラの問題に発展していた可能性が高い。

「13. 部下が精神疾患に罹患したことがある」

→部下が精神疾患に罹患したとしても，パワハラが理由で部下が精神疾患に罹患する可能性は高いとはいえない。しかし，何名も部下が精神疾患に罹患しているのであれば，何らかのパワハラ行為を行っている可能性があり，自らの言動に注意をする必要がある。

「14. 配属6カ月以内に部下が退職したことがある」

→配属6カ月以内に部下が退職したからといってパワハラが原因とは限らない。しかし，何人も配属後6カ月以内に部下が退職しているのであれば，パワハラを行っている可能性がある。

「21. 部下が自分に対して反論や異論を述べたことはほとんどない」

→反論がないからといって，必ずしも上司の指示に納得しているとは限らない。「上司に言っても無駄だから反論・しない」「上司に反論をすればパワハラを受けてしまう」と考えているかもしれず，自分（上司）の言動や指導・教育に問題がないのかは自問自答する必要がある。

エ　日常行動

「10. 部下を『お前』と呼んだことがある」

→親しみを込めて部下を「お前」と呼ぶことはあるかもしれず，信頼関係があればパワハラにつながる行為とはいえない。しかし，一般常識から考えて，単なる上司と部下であるにもかかわらず「お前」という呼び方は，部下を完全に支配服従させようとも取れる言動であり，パワハラにつながる可能性はある。

「11. 部下に対して（ニュアンスは別として）「バカ」「アホ」「死ね」「クズ」と言ったことがある」

→冗談で言っている可能性もあり，信頼関係があればパワハラにつながる行為とはいえない。しかし，一般常識から考えて，仮に仕事上の失敗をした部下に対しても，そのように呼ぶ行為はパワハラにつながる可能性が高いと考えられる。

「15.　休日に（休日中に対応が必要な）仕事のメール・チャットや電話を部下に行うことがある」

　　→これ自体はパワハラにあたらない場合が多いと考えられるが，部下の都合を顧みずに業務上の指示等を行っている可能性が高く，自身の言動を省みる必要がある。

「17.　部下の私生活について注意をすることがある」

　　→よかれと思って部下の私生活について注意をし始めたら，徐々にエスカレートをして私生活への過度な干渉になっている可能性があり，注意が必要である。もちろん，遅刻をしがちな部下に対して，早寝早起きを心がけるように促す等の業務に関連する内容であれば，問題はない。

オ　考え方

「16.　飲酒は鍛えれば（飲む量を増やせば）飲めるようになると思う」

　　→パワハラというよりもアルコール・ハラスメントにつながる考えであるが，同時に許容量以上の行為や結果を求めているという点では共通点があり，パワハラを行っている可能性がある。

「18.　仕事は上司から盗んで覚えるものだ」

　　→間違いとは言い切れないが，部下に指導・教育を行っていないことの裏返しでもある。指導教育せず放置し，成果が出ないと叱責するというパワハラにつながりかねない。

「19.　『パワハラ』被害等を主張する若者の考えについては正直理解ができない」

　　→「パワハラ問題は，若者の甘えが原因である」といった発言を聞くことがあるが，若者に原因がある場合もあるかもしれないが，上司等にも原因があるかもしれないと謙虚に考えることが必要である。

「20.　部下に意欲や能力がないと感じることが多い」

　　→もしかしたら部下の意欲や能力の問題ではなく，自分（上司）に原因があるかもしれない。若者や部下の意欲がない場合も考えられるが，自分（上司）の言動や指導・教育に問題がないのかは自問自答する必要がある。

「22. 正直，『パワハラ』等の言葉がなかった昔の時代のほうがよかったと思う」

→「パワハラ問題が日本をだめにしている」「昔のほうがよかった」といった発言を聞くことがあるが，昔の時代の指導・教育にも相当な問題があった可能性もある。時計の針は逆には戻らない。昔を懐かしみ現在を嘆くことなく，時代に合わせた指導教育をするしかない。

「23. 納期が近づいても部下に任せて先に帰宅することがよくある」

→これ自体はパワハラにあたらない場合も多いのですが，実際のパワハラ自殺事案では上司からの助けもなく，厳しく叱咤されながら長時間労働が原因で自殺している事案もある。「納期が近づいても部下に任せて先に帰宅することがよくある」のであれば，自らの部下に対する対応を再検討する必要がある。

「24. 顧客からのクレームについて部下と一緒にお詫びをしたことがない（クレームがない場合は「いいえ」)」

→必ずしも上司が謝る必要がない事案もあるが，困ったときの上司の行動を部下は見ており，失敗をすべて部下の責任で終わらせる場合は，部下に対して感情的な対応をしている場合もある。

「25. 部下については義務を果たしてから権利（有給休暇，残業代等）を主張してほしい」

→正しい側面もないとはいえないが（労務を提供しないと賃金は請求できない等），この考えの下サービス残業をさせ，有給休暇を取得させないように無意識に行動している可能性がある。

「28. 部下を褒めると現状で満足してしまうので褒めることはしない」

→この考え自体誤りとは言い切れないが，部下を認める，褒めることで信頼関係が生まれ，意思疎通を図ることができる。「上司が自分を認めてくれない」「上司から否定されている」と部下に思わせることで上司の指導をパワハラに感じる可能性もある。褒めるべきときは褒めることも必要である。

(4)　合計点数について

　これまで実際のこのパワハラチェックリストを使用してみた感想では，「はい」が10個を超える場合は，パワハラを行っている，もしくは行う可能性が高いと考えられる。「はい」が15個を超えていれば，かなりの確率でパワハラを行っていると思われる。「はい」が10個未満であっても，当然，物を投げたり「給料泥棒」と呼んだりしている場合はパワハラを行っているといえる。

　回答者は質問によっては正直に書かない場合が多いと思うが，チェックリストに記入してもらうことで自覚を促すことができ，それだけでも予防効果が期待できる。

　パワハラの予防や啓発については人事担当の皆様もいろいろ悩まれていることだろう。ぜひ，会社の事情を踏まえた相談体制，パワハラチェックリストを作成し，相互にチェックできる仕組み作りを推進していただきたい。

プロフィール ---

向井　蘭（むかい・らん）　1975年山形県生まれ。東北大学法学部卒業。2003年に弁護士登録。現在，杜若経営法律事務所所属。経営法曹会議会員。企業法務を専門とし，企業法務担当者向けの労働問題に関するセミナー講師を務めるほか，労働関連紙誌に寄稿。

（豆知識③） SOGIハラ

　最近よく使われようになってきた「SOGI」と「SOGIハラ」。「LGBT」と何が違うのでしょうか。

LGBTとは：レズビアン，ゲイ，バイセクシュアル，トランスジェンダーの頭文字を取ったもので，セクシュアルマイノリティ（性的少数者）を表す総称とされています。しかし，セクシュアルマイノリティは，必ずしもどれかに分類されるものではありません。そこで，性自認や性的指向を決められない・決まっていない人＝クエスチョニング（Q）も含めて「LGBTQ」と称したり，さまざまな性のあり方から，「LGBTs」と称することがあります。

SOGI：LGBTという言葉は，誰がLGBTなのか，という観点に捉われがちな点が指摘されてきました。そこで最近は「SOGI」という言葉が用いられています。異性愛の人も含めたすべての人が持つ属性を指す，つまり人ごとに違って当たり前というニュアンスが含まれるため，国際社会でも用いるようになってきています。

SOGIハラ：ハラスメントの新しいタイプとして「SOGIハラ（SOGIハラスメント）」という言葉が使われることが増えています。実は，日本の現在の法律上では，セクハラやパワハラのような定義はないのですが，SOGIハラにあたるケースは，性的指向・性自認に関連する言動であることから，パワハラ・セクハラに該当するものでもあることが多く，結果，法的にも対応が迫られる可能性があります。

　なお，厚労省のパワハラ防止指針では，明らかに「職場のSOGIハラ」に該当する関する事例が記載されています。

気をつけたい健康情報の取扱い

ひかり協同法律事務所　弁護士　**増田　陳彦**

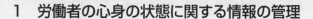

1　労働者の心身の状態に関する情報の管理

2　産業医等に提供する従業員の健康情報等

【ポイント】
◎ 厚労省指針に従い，健康情報取扱規程を策定する
◎ 産業医に対しては，①健康診断や面接指導実施後の措置等に関する情報，②長時間労働者の情報，③産業医が必要と認めた労働者の業務に関する情報を提供する必要がある

　コロナ禍において，あらためて従業員の健康情報を取り扱う際の課題がクローズアップされることになった。従業員の健康情報は，適切な労務管理のために活用し得るものであるが，一方で機微な個人情報でもあり，取扱いには留意が必要となる。また近年，産業医の役割が重視されつつあり，企業は効果的な健康管理のために，従業員の健康情報を産業医に提供することが求められている。本稿では，健康情報を取り扱う際のルール，産業医に提供する健康情報の内容と留意点について，整理する。

1　労働者の心身の状態に関する情報の管理

　昨今，企業における健康管理の取組みが重視されるようになっている。心身の状態に関する従業員の健康情報を取り扱う際には，どのようなルールがあるのだろうか。

> ［ポイント］
> 　事業者は，「労働者の心身の状態に関する情報の適正な取扱いのために事業者が講ずべき措置に関する指針」に従って，労働者の心身の状態に関する情報については必要な範囲で情報収集し，適正に管理することが求められる。

(1)　労働者の心身の状態に関する情報の適切な管理

　安衛法では，同法に基づく措置の実施に関し，労働者の心身の状態に関する情報を収集し，保管し，または使用するにあたっては，労働者の健康の確保に必要な範囲内で労働者の心身の状態に関する情報を収集し，収集の目的の範囲内でこれを保管し，使用しなければならないとされている。ただし，本人の同意がある場合，その他正当な事由がある場合は，この限りではない（安衛法104条1項）。
　また，事業者は，労働者の心身の状態に関する情報を適切に管理するた

めの必要な措置を講じなければならないとされている（同条２項）。

　このように，事業者には，労働者の心身の状態に関する情報について，適切な取扱いが求められる。事業者には，医師等による面接指導や健康診断の結果などから必要な健康情報を取得し，労働者の健康と安全を確保することが求められるが，こうした健康情報は，労働者にとって機微な情報も含まれている。そのため，労働者が雇用管理において不利益な取扱いを受けることにつながる不安なく安心して，産業医等に健康相談等をすることができるようにするとともに，事業者が必要な情報を取得して労働者の健康確保措置を十全に行えるようにするため，適切な取扱いが必要となる。

⑵　厚労省の指針（労働者の心身の状態に関する情報の適正な取扱いのために事業者が講ずべき措置に関する指針）

　適切な情報管理のために，厚生労働大臣は，事業者が講ずべき措置の適切かつ有効な実施を図るため，必要な指針を公表するとしており（安衛法104条３項），「労働者の心身の状態に関する情報の適正な取扱いのために事業者が講ずべき措置に関する指針」（平成30年９月７日労働者の心身の状態に関する情報の適正な取扱い指針公示第１号。以下，指針）（**DL9**）が公表されている。

　指針では，事業者が，安衛法に基づいて実施する健康診断等を通じて得る労働者の心身の状態に関する情報が，個人情報保護法に規定する「要配慮個人情報」に該当する機微な情報であり，そのため適切な取扱いが求められ，事業者が当該事業場における心身の状態の情報の適正な取扱いのための取扱規程を定めることが必要とされている。

　取扱規程で定めるべきとされる項目は，以下のとおりである。

① 心身の状態の情報を取り扱う目的および取扱方法
② 心身の状態の情報を取り扱う者およびその権限ならびに取り扱う心身の状態の情報の範囲
③ 心身の状態の情報を取り扱う目的等の通知方法および本人同意の取得方法

④ 心身の状態の情報の適正管理の方法
⑤ 心身の状態の情報の開示，訂正等および使用停止の方法
⑥ 心身の状態の情報の第三者提供の方法
⑦ 事業承継，組織変更に伴う心身の状態の情報の引継ぎに関する事項
⑧ 心身の状態の情報の取扱いに関する苦情の処理
⑨ 取扱規程の労働者への周知の方法

指針では，取扱規程の策定にあたっては，衛生委員会等を活用して労使関与の下で検討し，策定したものを労働者と共有することが求められる。

衛生委員会等を設置する義務のない常時50人未満の労働者を使用する事業場においては，事業者は，必要に応じて安衛則23条の2に定める関係労働者の意見を聴く機会を活用する等により，労働者の意見を聴いたうえで取扱規程を策定し，労働者と共有する必要がある。

また，健康情報の適正な取扱いのための体制を整備することが求められる。

指針では，その他，健康情報の取扱いの原則として，情報の性質による分類と，分類に該当する情報の例，取扱いの原則が示されている。たとえば，健康診断結果や長時間労働者に対する面接指導の結果等については，事業場の状況に応じて，取り扱う者を制限する，情報の加工をする等の措置が必要とされる。

(3) 取扱規程例

人事労務担当者は，取扱規程を策定し，上記(1)と(2)に留意した情報管理を行う必要がある。

指針は，事業場の状況に応じて，法の趣旨を踏まえつつ，指針に示す内容とは異なる取扱いができるとしているため，厚労省の雛形も参考にして作成した規程例をご紹介する（ DL-G ）。

健康情報等の取扱規程（例）
　本規程は，会社が得た従業員の心身の状態に関する情報（以下「健康情報等」という。）を適正に管理するために定める。

（健康情報等の取扱目的）

第1条　会社は，業務上知り得た健康情報等は，従業員に対する健康確保措置の実施または安全配慮義務の履行のために，適切に取り扱う。

（健康情報等とその取扱い）

第2条　本規程における健康情報等とは，別表の「健康情報等の分類」および「左欄の分類に該当する健康情報等の例」のことをいう。

（健康情報等の取扱い）

第3条　本規程における健康情報等の取扱いとは，健康情報等の収集，保管，使用，消去のことを指す。

（健康情報等を取り扱う者及びその権限並びに取扱い健康情報の範囲）

第4条　健康情報等を取り扱う者およびその権限ならびに取扱健康情報等の範囲は別表のとおりとする。

2　健康情報等の取扱責任者は人事部長（※常勤の産業医がいる場合は，産業医とすることも適切）とし，これを補佐する者を必要に応じて指名する。

3　健康情報等を取り扱う者は，職務を通じて知り得た従業員の健康情報等を他人に漏らしてはならない。

（健康情報等を取り扱う目的等の通知方法および本人の同意の取得方法）

第5条　健康情報等を取り扱う目的は本規程第1条のとおりであり，本規程の周知により通知する。

2　法令に基づき収集する健康情報等は従業員の同意を得ずに収集することができる。

3　法令に定められていない健康情報等については，書面・メール・その他記録に残る方法により本人の同意を得てこれを収集するものとする。

（健康情報等の適正管理の方法）

第6条　会社は，健康情報等を利用目的達成のために必要な範囲において正確かつ最新に保つ。また，漏洩，滅失・改ざん等されないよう，権限を有しない者による健康情報等へのアクセスを防止する等の適切なセキュリティシステムによる安全管理体制を講じるとともに，保管の必要のなくなった情報を適切に消去するものとする。

（健康情報等の開示，訂正等）

第7条　従業員から書面により本人の健康情報等の開示請求を受けた場合，書面またはデータ送信により，開示する。ただし，開示により従業員本人または第三者の身体生命財産その他の権利利益を害するおそれがある場合および業務の適正な実施に著しい支障を及ぼすおそれがある場合等には，全部または一部を開示しないことができ，その旨を通知する。

2　従業員から書面により本人の健康情報等について訂正，追加，削除，使用停止

（第三者への提供の停止を含む。以下「訂正等」という。）の請求を受けた場合，請求が正当なものであることが確認できた場合には，訂正等を行う。ただし，訂正等の請求があった場合でも，訂正等の必要がない場合，また請求が正当でない場合には訂正等を行わないものとし，その旨を通知する。

（健康情報等を第三者に提供する場合の取扱い）

第8条　従業員の事前同意を得ることなく，健康情報等を第三者に提供してはならない。ただし，個人情報保護法23条1項に該当する場合を除く。また，個人情報保護法23条5項に該当する場合の健康情報等の提供先は第三者に該当しない。

2　健康情報等を第三者に提供する場合，個人情報保護法25条による記録を作成・保存する。

（健康情報等の取扱いに関する苦情処理）

第9条　健康情報等の取扱いに関する苦情は人事部が担当するものとし，窓口は以下とする。

　　　　人事部内　健康情報等取扱担当

　　　　　メール：○○○○＠○○○．com

　　　　　電　話：△△−△△△△△−△△△△

（本規程の従業員への周知方法）

第10条　本規程は，事業場の見やすい場所に備え付けて周知する。

附則

本規程は，●●●●年●月●日から施行する。

《別表》

（略）

(4)　健康情報等の取扱いの実務上の留意点

1）開示等の請求があった場合

　実務上，労働者が，健康情報等について開示や訂正等を求めてきた場合であっても，人事管理の観点から，業務の適正な実施に著しい支障を及ぼすおそれがあるものとして，拒否することもありうる。

　特にメンタル疾患等のケースで，復職を巡る対応に関連する健康情報等については，慎重に判断する必要がある。

2）就業上の配慮と健康情報等の共有

指針や手引きでは，健康情報等の取扱者について，管理監督者（所属長）が例示されているが，実務には，たとえばメンタル疾患等の復職過程において，軽減勤務などの就業上の配慮をする場合には，管理監督者ではない，当該労働者と業務上密接にかかわる周囲の労働者に対して，必要最小限の範囲では，軽減勤務の事情を説明する必要があるケースがある。

この場合，労働者本人の同意の下に，必要最小限の範囲での情報共有を行うことになるが，就業上の配慮を行うに際して，必要最小限の範囲での情報共有についての同意書を取得しておくことが望ましい。

3）不利益取扱いの防止

指針は，労働者が健康情報等の取扱いに同意しないことを理由として，または労働者の健康確保措置および民事上の安全配慮義務の履行に必要な範囲を超えて，当該労働者に対して不利益な取扱いを行うことがあってはならない，としている。

また，就業上の措置の実施にあたり，当該措置の内容・程度が，医師の意見と著しく異なる等，医師の意見を勘案し必要と認められる範囲内となっていないもの，または労働者の実情が考慮されていない取扱いは，不利益取扱いであるとする。

この点については，メンタル疾患等からの復職過程における軽減勤務に際しては，留意が必要である。

2　産業医等に提供する従業員の健康情報等

2018年に労働安全衛生規則等が改正され，産業医がその職務をより効率的かつ効果的に実施できるよう，企業は労働者の健康情報を産業医に提供しなければならない（2019年4月施行）。その際，どのような点に留意する必要があるのだろうか。

[ポイント]

　産業医に提供することが求められる情報は，①すでに講じた健康診断実施後の措置，長時間労働者に対する面接指導実施後の措置，ストレスチェックに基づく面接指導実施後の措置，または講じようとするこれらの措置の内容に関する情報，②1週間40時間を超える労働時間が1カ月あたり80時間を超えた労働者の氏名，超えた時間に関する情報，③産業医が必要と認めた労働者の業務に関する情報である。

(1)　産業医に対する情報提供の趣旨

　産業医または保健師等が産業医学の専門的立場から，労働者の健康の確保のためにより一層効果的な活動を行いやすい環境を整備するため，産業医を選任した事業者は，産業医に対し，労働者の労働時間に関する情報その他の産業医が労働者の健康管理等を適切に行うために必要な情報を提供しなければならないこととされている（安衛法13条4項，安衛則14条の2第1項）。

(2)　提供する情報の具体的内容

　産業医に提供する情報は，具体的には次のとおりである（安衛則14条の2）。

1)　すでに講じた健康診断実施後の措置，長時間労働者に対する面接指導実施後の措置，ストレスチェックに基づく面接指導実施後の措置，または講じようとするこれらの措置の内容に関する情報（これらの措置を講じない場合にあっては，その旨およびその理由）

　これらの情報提供については，健康診断結果についての医師等からの意見聴取，面接指導の結果についての医師からの意見聴取またはストレスチェックに基づく面接指導の結果について医師からの意見聴取を行った後，遅滞なく提供することが求められる。

情報提供の対象となる事後措置の具体的内容は，健康診断後の措置としては，事業者が医師等からの意見を勘案して，その必要があると認めるときは当該労働者の実情を考慮して行うこととされている，①就業場所の変更，②作業の転換，③労働時間の短縮，④深夜業の回数の減少等の措置，また，⑤作業環境測定の実施，⑥施設または設備の設置または整備，⑦医師等の意見の衛生委員会等への報告等である（安衛法66条の５）。

2）1週間あたり40時間を超える労働時間が1カ月あたり80時間を超えた労働者の氏名，超えた時間に関する情報

休憩時間を除き1週間あたり40時間を超えて労働させた場合における，①その超えた時間が1カ月あたり80時間を超えた労働者の氏名，②当該労働者にかかる当該超えた時間に関する情報については，当該超えた時間を算定した後，速やかに提供することが求められる。施行通達では，「速やかに」とは，おおむね2週間以内とされている。

この情報提供を通じて，長時間労働者に対し，産業医が面接指導の申出を勧奨するなどして，面接指導申込みがなされ，面接指導がなされる契機となることが期待されている。また，1カ月あたり80時間を超えた労働者がいない場合でも，該当者がいないという情報を産業医に提供する必要がある。

さらに，休憩時間を除き1週間あたり40時間を超えて労働させた場合における，その超えた時間が1カ月あたり80時間を超えた労働者に対し，当該超えた労働時間の情報を通知しなければならない（安衛則52条の2第3項）。これも，面接指導の申出の契機とされるものである。

3）産業医が必要と認めた労働者の業務に関する情報

上記1）2）のほか，事業者は，産業医が労働者の健康管理等を適切に行うために必要と認めた労働者の業務に関する情報を産業医に提供する必要がある。

具体的には，労働者の作業環境，労働時間，作業態様，作業負荷の状況，深夜業等の回数・時間数等の産業医が必要とする情報提供が求められる。

この情報提供は，産業医から当該情報の提供を求められたのち，速やかに実施する必要がある。施行通達ではこの「速やかに」は，上記2）と同様におおむね2週間以内とされている。

(3) 情報提供の方法

事業者から，産業医への情報提供の方法は，書面や磁気ディスクまたは電子メール等，あらかじめ定めた方法によるものとされる。

(4) 人事労務担当者の留意事項

人事労務担当者としては，産業医への情報提供に備えた各種の情報整理をする必要があるが，特に前記(2)2）の情報は毎月の労働時間に関係することであり，実務上の必須項目となっている。

長時間労働者に対する面接指導にも関係するので，漏れのないように適切に労働時間を把握管理する必要がある。

プロフィール--

増田陳彦（ますだ・のぶひこ）　ひかり協同法律事務所パートナー。1999年中央大学法学部法律学科卒業，2002年弁護士登録。柳田野村法律事務所（現：柳田国際法律事務所）入所。2003年中山慈夫法律事務所（現：中山・男澤法律事務所）入所，2011年同事務所パートナー。2016年より現事務所パートナー。第一東京弁護士会所属。主な著書に『ストレスチェック制度の実務対応Q&A』ほか。

改正された事務所衛生基準

神戸元町労務管理サポート　特定社会保険労務士　**角森　洋子**

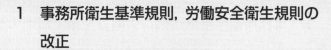

1　事務所衛生基準規則，労働安全衛生規則の
　　改正
2　通達による運用の見直し

【ポイント】
◎ 作業面の照度基準は一般的な事務作業で300ルクス以上とされた
◎ 常時10人以内が就業する事務所では，男女別でない独立個室型
　のトイレを設置すればよいものとされた
◎ 男女別トイレを設置したうえで独立個室型のトイレを設置する場合，
　同時に就業する男性労働者，女性労働者の数に応じて男性用大
　便所，女性用便所の便房の数等が決まる
◎ 作業場に備える救急用具を一律の品目としていた規定は削除された

2021年12月１日に「事務所衛生基準規則及び労働安全衛生規則の一部を改正する省令」（**DL2**）が公布・施行され，事務所における照度基準，独立個室型便所の設備および労働安全衛生規則の救急用具の内容が改正された。

また，清潔，休養などに関する労働衛生基準の運用について「事務所衛生基準規則及び労働安全衛生規則の一部を改正する省令の施行等について」（令3.12.1基発1201第１号）（以下，施行通達）（**DL3**）による見直しが行われた。

以下では，それぞれの改正ポイントについて概観したい。

1　事務所衛生基準規則，労働安全衛生規則の改正

(1)　作業面の照度基準

1) 具体的な改正内容

室の作業面の照度を，作業の区分に応じて，以下に掲げる基準に適合させなければならないものとされた（事務所則10条）。ただし，感光材料の取扱い等，特殊な作業を行う室については，この限りではない。

この改正は2021年12月１日から施行されている。

改正前

作業の区分	基　準
精密な作業	300ルクス以上
普通の作業	150ルクス以上
粗な作業	70ルクス以上

改正後

作業の区分	基　準
一般的な事務作業	300ルクス以上
付随的な事務作業	150ルクス以上

※１　付随的な事務作業：資料の袋詰めやクリップ留め等の文字を読み込む必要のない作業等をいう（改正前の「粗な作業」に該当する作業）。
※２　改正後に精密な作業を行うときは，JIS Z9110等を参照し，対応する作業に応じてより高い照度を事業場で定める。

2）改正の趣旨および解釈

　施行通達によると，事務所則10条・作業面の照度基準に関する改正の趣旨および解釈は，以下のとおりです。

- 作業面の照度基準は，照度不足の際に生じる眼精疲労や，文字を読むために不適切な姿勢を続けることによる上肢障害等の健康障害を防止する観点から，すべての事務所に対して適用する趣旨であること
- 事務所における高年齢労働者が増加しており，高年齢労働者も含めたすべての労働者に配慮した視環境の確保を図る必要があることから，必要に応じて，個々の労働者に視力を眼鏡等で矯正することを促したうえで，作業面における照度を適切に確保することが重要であること
- 個々の事務作業に応じた適切な照度については，本条に定める基準を満たしたうえで，日本産業規格JIS Z9110に規定する各種作業における推奨照度等を参照し，健康障害を防止するための照度基準を事業場ごとに検討のうえ，定めることが適当であること

(2)　トイレ（独立個室型の便所）

1）具体的な改正内容

　①同時に就業する労働者が常時10人以内である場合は，便所を男性用と女性用に区別することの例外として，男性用と女性用に区別しない四方を壁等で囲まれた一個の便房により構成される便所（以下，独立個室型の便所）を設けることで足りることとされた（事務所則17条の2第1項，安衛則628条の2第1項）。

　②①の場合ではなく男性用と女性用の便所を設けたうえで）独立個室型の便所を設ける場合は，次のとおりとしなければならないこととされた（事務所則17条の2第2項，安衛則628条の2第2項）。

　ア　独立個室型の便所を除き，男性用と女性用に区別すること

　イ　男性用大便所の便房の数は，同時に就業する男性労働者の数に応じて，以下の数以上とすること

同時に就業する男性労働者の数	便房の数
設ける独立個室型の便所の数に10を乗じて得た数以下	1
設ける独立個室型の便所の数に10を乗じて得た数を超える数	1に，設ける独立個室型の便所の数に10を乗じて得た数を同時に就業する男性労働者の数から減じて得た数が60人を超える60人またはその端数を増すごとに1を加えた数

ウ　男性用小便所の数は，同時に就業する男性労働者の数に応じて，以下の数以上とすること。

同時に就業する男性労働者の数	箇所数
設ける独立個室型の便所の数に10を乗じて得た数以下	1
設ける独立個室型の便所の数に10を乗じて得た数を超える数	1に，設ける独立個室型の便所の数に10を乗じて得た数を同時に就業する男性労働者の数から減じて得た数が30人を超える30人またはその端数を増すごとに1を加えた数

エ　女性用便所の便房の数は，同時に就業する男性労働者の数に応じて，以下の数以上とすること。

同時に就業する女性労働者の数	便房の数
設ける独立個室型の便所の数に10を乗じて得た数以下	1
設ける独立個室型の便所の数に10を乗じて得た数を超える数	1に，設ける独立個室型の便所の数に10を乗じて得た数を同時に就業する女性労働者の数から減じて得た数が20人を超える20人またはその端数を増すごとに1を加えた数

この改正は2021年12月1日から施行されている。

2）改正の趣旨および解釈

施行通達によると，事務所則17条の2第1項・便所の設置に関する改正の趣旨および解釈は，以下のとおりである。
- 作業場に設置する便所については，作業場の規模にかかわらず男性用と女性用に区別して設置することが原則であること
- 集合住宅の一室を作業場として使用している場合など，建物の構造や配

管の敷設状況から，男性用便房，男性用小便所，女性用便房のすべてを設けることが困難な場合についても，便所を男性用と女性用に区別して設置する原則を適用した場合，作業場の移転や便所の増設に必要なスペースを確保することによる作業環境の悪化などが生ずるおそれがあることから，同時に就業する労働者の数が常時10人以内である場合は，独立個室型の便所を設置した場合に限り，例外的に男女別による設置は要しないこと

- 同時に就業する労働者の数が常時10人以内である場合においても，可能な限り便所は男性用と女性用に区別して設置することが望ましいこと
- 同時に就業する労働者の数が常時10人以内である場合ですでに男女別の便所が設置されている場合において，両規則を根拠に便所の一部を廃止することは許容されないこと
- 新たに作業場を設ける時点で同時に就業する労働者数が10人以内であっても，その後，同時に就業する労働者の数が常時10人を超えた場合には，直ちに法違反となる一方，便所の増設は容易ではないことを踏まえれば，あらかじめ男性用と女性用に区別した便所を設置しておくことが望ましいこと
- 「独立個室型の便所」とは，男性用と女性用に区別しない，それ単独でプライバシーが確保されている便所のことをいい，仕切り板または上部もしくは下部に間隙のある壁等により構成されている便房からなる便所とは対をなす概念の便所であること
- ・「壁等」とは，視覚的，聴覚的観点から便所内部が便所外部から容易に知覚されない堅牢な壁や扉のことをいうこと
- ・「四方を壁等で囲まれた」とは，全方向を壁等で囲まれ，扉を内側から施錠できる構造であることをいうこと
- ・車椅子使用者用便房やオストメイト対応の水洗器具を設けている便房からなる便所についても，上記要件を満たす場合は独立個室型の便所に該当するものであること
- ・施錠については，非常事態を想定した対応（防犯ブザーの設置，管理者による外側からの緊急解錠等）を定めておくことが望ましいこと

・手洗い設備は便房内に設けられていることが基本であるが，便房の外側に設けられている場合であっても，排他的に近接しているものについては便所内に設けられているものとみなすことができること

● 消臭や清潔の保持についてのマナー，サニタリーボックスの管理方法，盗撮等の犯罪行為の防止措置，異常事態発生時の措置（防犯ブザーの設置，管理者による外側からの緊急解錠等）など，便所の使用や維持・管理に関するルール等について，衛生委員会等で調査審議，検討等を行ったうえで定めておくことが望ましいこと

(3) 備えるべき救急用具の内容

作業場に備えるべき救急用具・材料について，<u>一律に備えなければならない具体的な品目についての規定（安衛則634条）が削除された。</u>

これは，事業場での労災等による負傷や疾病については，その場で応急手当を行うよりも速やかに医療機関に搬送することが基本であること，および事業場ごとに負傷や疾病の発生状況が異なることから，一律の品目を規定していた内容を見直したものである。

ただし，職場で発生することが想定される労働災害等に応じ，リスクアセスメントの結果や安全管理者や衛生管理者，産業医等の意見，衛生委員会等での調査審議，検討等の結果等を踏まえ，応急手当てに必要なものを備え付けること，マスクやビニール手袋，手指洗浄薬等，負傷者などの手当の際の感染防止に必要な用具および材料も備え付けておくことが望ましいこととされている（令3.12.1基発1201第1号）。

(4) 室内温度

事務所衛生基準規則5条3項において，「事業者は，空気調和設備を設けている場合は，室の気温が<u>17度以上</u>28度以下及び相対湿度が40パーセント以上70パーセント以下になるように努めなければならない。」と規定されていたが，これが「室の気温が<u>18度以上</u>28度以下になるように」と改正された（2022年4月1日施行予定）。

この改正は，WHO（世界保健機関）が，冬季の高齢者における血圧上

昇に対する影響等を考慮して，室内温度のガイドラインにおける低温側の基準として18℃以上を勧告していることを踏まえたものである。

2　通達による運用の見直し

事務所衛生基準規則および労働安全衛生規則の改正に伴い，施行通達により，以下のとおり，運用の見直しが行われた。

条　文	見直しの内容
測定方法（一酸化炭素・二酸化炭素の含有率）（事務所則8条）	・検知管方式と同等以上の性能を有する測定器には，一酸化炭素に関しては定電位電解法，二酸化炭素に関しては非分散型赤外線吸収法（NDIR）による測定器が含まれること。
更衣設備等（事務所則18条2項，安衛則625条1項）	・プライバシーの確保に配慮すべきであることに留意すること。 ・事務所則に規定する「更衣設備」としてではなく，各事業場のニーズに応じて設ける更衣室やシャワー設備についても同様に留意すること。
休憩の設備（事務所則19条，安衛則613条）	・休憩の設備の広さや，事業場のニーズに基づく休憩設備内に備えるべき設備については，衛生委員会等で調査審議，検討等を行い，その結果に基づいて設置することが望ましいこと。
休養室・休養所（事務所則21条，安衛則618条）	・事業場において病弱者，生理日の女性等に使用させることを趣旨として設けられるものであり，長時間の休養等が必要な者については，速やかに医療機関に搬送するまたは帰宅させることが基本であることから，専用設備として設けなくとも，随時利用が可能となる機能を確保することで足りるものであること。 ・プライバシーの確保のために，入口や通路から直視されないよう目隠しを設ける，関係者以外の出入りを制限する，緊急時に安全に対応できる等，設置場所の状況等に応じた配慮がなされることが重要であること。
発汗作業に関する措置（安衛則617条）	・多量の発汗を伴う作業場において設けなければならない「塩」は，塩飴や塩タブレット等のほかスポーツドリンクなどの飲料水中に含まれる塩分も当然に含む趣旨であること。

プロフィール ---

角森　洋子（かくもり・ようこ）　　特定社会保険労務士，労働衛生コンサルタント。1977年労働省（当時）入省。労働基準監督官として東京労働基準局等に勤務後，2005年に社会保険労務士事務所「神戸元町労務管理サポート」を開業。著書に『逐条解説　労働基準法』『わかりやすい労働衛生管理』（経営書院）など。

MEMO

いま心がけたい心理的配慮

明星大学　准教授　**藤井　靖**

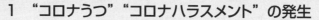

1　"コロナうつ" "コロナハラスメント" の発生

2　ニューノーマルに職場が適応していくための
　　心理的配慮

【ポイント】

◎ コロナ禍では，人がうつになりやすい条件がそろっており，"コロナうつ"
　 は他人事ではない

◎ コロナ禍では，人間性やふだんの人間関係の影響がハラスメントの
　 遠因となる

◎ テレワーク導入には心身両面への配慮，管理職の意識改革が必要
　 となる

長く続いたコロナ禍は，人々のメンタルヘルスに大きな影響を与えた。その結果，典型的には，"コロナうつ"，さらに職場での"コロナハラスメント"といった例が見られるところである。そこで本稿では，これらの現象が生じる要因と押さえておくべき事項，コロナ後のニューノーマルに備えた労務管理上の留意点を，特に心理的配慮の観点から解説したい。

1 "コロナうつ""コロナハラスメント"の発生

(1) 他人事ではない"コロナうつ"

コロナ禍において，さまざまな新しい言葉が生まれた。"コロナうつ"もそのうちの1つである。そもそも"コロナうつ"といった正式な診断名はないが，典型的なうつの症状である気分の落込みや意欲の減退に似た感覚が生じている人たちは，働く世代においても2020年以降明らかに増えた。また抑うつが高まると，不眠，過眠や食欲不振，過食などの身体症状が伴ったり，ひどくなるといらいらして落ち着かなくなったり，自分を責める気持ちが高まることもある。また自粛ムードで人と接触しづらく，ちょっとした雑談も減り，気持ちを共有しにくいので，もやもやを自分のなかにためすぎた結果「死にたい」という気持ちになることもある。

ここまで読んでいただいて，「自分には関係のないことだ」と思われる方も少なくないだろう。しかし，それは危険である。なぜならば，上記のような症状を持つ人たちは，自分のストレスの蓄積に無自覚であったり，単なる疲れや身体の不調と捉えており，それゆえに適切な対処を取らず，症状を認知したときには心身が悪循環になってしまっていることが多いからだ。

というのも，このコロナ禍においては，人がうつになりやすい条件がそろっている。生活・仕事スタイルや経済状況の大きな変化，趣味など好きなことが好きなようにできない，長期にわたる健康への不安，一貫しているとはいえないあふれる関連情報，心理的な孤立による視野狭窄状態…あ

げれば切りがないが，なかでも先行きの不透明さの影響は大きく，人にとって変化が多い生活だったり，見通しがつきにくく答えが出ない葛藤状態が続くことは，一番のストレスになる。

　自分ではどうにもならない状況や環境があるからこそ，①できるだけ日々のルーティンを大事にしていただくこと，②コロナ禍でもできる新しい楽しみや発散法を見つけること，ぜひこの2つは予防として心がけていただきたい。

⑵　性別，年齢を問わない"コロナハラスメント"

　造語でいえば，"コロナハラスメント"もあげられる。テレワーク時に「部屋の中を見せて」「もしかして，いますっぴん？」「下はパジャマなの？」などといったセクハラようの言動や，就業時間中の行動や時間の使い方について事細かに管理し監視するマイクロマネジメント，さらにはオンライン飲み会への強制参加を求められるといった"パワハラ的な行為"，感染者や感染が疑われる者への不当な言動など，さまざまな相談が性別，年齢問わず寄せられている。

　ハラスメントの原因は職場環境や加害者の資質，ハラスメントに対する意識の低さなどによるところが大きいが，この非常時には人間性やふだんの人間関係の影響がより大きく出やすいことも自覚しておくべきであろう。実際，職場や身近な人間関係のぎすぎす，いらいらはコロナ禍で増え

ており，それは遠因ともいえる。

　そして，感染者に対する「差別・偏見」と，予防のための「区別」は明確に違う。しかも「区別」とは，その人の心情への明確な配慮があって初めてできることだということを忘れてはならない。

2　ニューノーマルに職場が適応していくための心理的配慮

　新型コロナウイルス感染症の流行に伴い，いわゆる「3密」を避けるため，テレワークや時差出勤を積極的に活用することが推奨されている。しかし，政府が目標として定めた出勤者数70％削減という状況にはほど遠く，日本生産性本部が発表したデータによると，2021年1月時点でのテレワーク実施率は全国で22.0％にとどまっている。

　もちろん，テレワークが難しい業種もある。とはいえ，仮にできたとしても"やらない"企業も実は多い。たとえば，IT企業などでテレワーク推進が企業の見せ方の1つとなる場合は率先してやると思うが，働き方が大きく変わり，新しい仕組みづくりが必要だったり，機器をそろえるなど新たなコストもかかりうるので，企業にとって明確なメリットがないと進まないという現状もある。

(1)　労働者の心身両面への配慮

　労働者の心身両面に大きな影響を与えうるテレワーク導入にあたって，さまざまな障壁がある職場の場合は，特に移行期にはできる限りの段階的導入を考慮すべきである。たとえば，まずは週1日から導入する，職場にテレワーク場所を設けるなどの折衷案である。

　また，「対面でこそ自分は能力を発揮できる」と自信を持っている労働者はそれなりに多いため，対面でもコミュニケーションを取れる機会を定期的に確実に設けることを明示したり，ITアレルギーに対しては，利用方法よりも活用上のメリットをできれば目の前でみてもらって実感してもらうことが，心理的にスムースな導入につながることも多い。

(2)　管理職の意識改革

　加えて労務管理にあたっては，完全な代替手段ではなく，「いままでとは大きく違う働き方なのだ」という大前提を管理者が持つべきである。家で仕事をするとなると，子どもがいるなどさまざまな家庭状況がある。対面と同じように仕事が進まないというときに，上司の価値観で「自分だったらそうしない」と思ってしまうと，不和が生じたり互いに不安，ストレスがたまっていくので，許容的に部下をみることが肝要である。

　そもそも管理職は組織を管理する立場だが，本質は人ではなく仕事を管理することが大事。人を管理しようとするから監視してしまうのであって，組織としての仕事を管理するということを重要視していない可能性がある。

　具体的な対策として，1つ目は「具体的な指示」。対面では職場の雰囲気や空気感を部下が読んで仕事をしてきた側面は否めないため，上司が「いつまでにこれをやる」とより明確に指示することを重視すれば，上司も部下も安心できる。

　2つ目は「できるだけ部下に業務計画を立てさせること」。やはりテレワークの状況は個々で違うので，仕事を達成するためのプランニングを可能な範囲で部下自身に決めさせることで，やらされている・監視されているではなく，自分事として進める意識になりうる。

　3つ目は「管理者は組織を俯瞰すること」。上司の役割の1つは仕事を管理することで，仕事が組織として違う方向に進んでいないか，あるいは遅れていないかといったペースマネジメントなどが求められる。一歩引いた鳥の目でみて，方向やペースを修正する具体的な方策を練るほうが，テレワークをうまく進めるためには効果的と考えられる。

　とはいえ，既存の働き方に対するこだわりや心理的執着はそう簡単に変わるものではない。変化を志向するには何らかのインセンティブや権威（トップの意向）が前提になることが多いのは，いうまでもない。

プロフィール --

藤井　靖（ふじい・やすし）　　専門は臨床心理学，ストレス科学，認知行動療法。公認心理師・臨床心理士として，同大付属心理相談センター，小・中学校，高校，病院（心療内科・精神科）で心理カウンセリングも行う。早稲田大学大学院人間科学研究科博士後期課程修了，同大人間科学学術院助教，国立精神・神経医療研究センター研究員などを経て，明星大学准教授。博士（人間科学）。

両立支援

改正育児・介護休業法ガイド

中山・男澤法律事務所　弁護士　**高仲　幸雄**

【ポイント】

◎ 産後パパ育休は，子の出生後8週間以内に4週間まで取得可能

◎ 産後パパ育休中は労使協定により就業が可能

◎ 子が1歳までの育休は，原則として同一の子について2回まで申出可能

◎ 育児休業，介護休業とも「引き続き雇用された期間が1年以上」という要件が廃止されたが，労使協定で適用除外とすることは可能

　2021年６月９日に公布された育児・介護休業法（以下，育介法）の改正では，①産後パパ育休（出産時育児休業）の創設，②育児休業を取得しやすい雇用環境整備および妊娠・出産の申出をした労働者に対する個別の周知・意向確認の措置の義務づけ，③育児休業の分割取得，④育児休業の取得の状況の公表の義務づけ，⑤有期契約労働者の育児・介護休業取得要件の緩和，などの措置を講ずることが規定された。

　改正育介法の施行は，上記の内容に応じて３段階となり，②⑤は2022年４月１日から，①③は2022年10月１日から，④は2023年４月１日から施行される。本稿では，①②③⑤について，実務ポイントを整理する。

　なお，改正育介法の詳細については，厚生労働省のウェブサイトに改正通達（「育児休業，介護休業等育児又は介護を行う労働者の福祉に関する法律の施行について」の一部改正について）のほか，改正規則例（「就業規則への記載はもうお済みですか―育児・介護休業等に関する規則の規定例―（平成４年４月１日，10月１日施行対応版）」（**DL10**）や改正Q&A（「令和３年改正育児・介護休業法に関するQ&A」）（**DL11**）が掲載されているので，併せて参照されたい。

　また，本文中**DL-I**と記載された書式については厚労省のホームページからダウンロードできるので，270頁を参照されたい。

1　産後パパ育休（出生時育児休業）のポイント

　改正育介法では「子の出生の日から起算して８週間を経過する日の翌日までの期間内に４週間以内の期間を定めてする休業」を「出生時育児休業」として，通常の育児休業制度とは別に制度化している。

　これが通称「産後パパ育休」と呼ばれる休業制度であり，以下ではこの名称を用いる。ポイントは以下の３点である。

(1)　施行日（2022年10月１日）より前の申出は対象外

　産後パパ育休の改正は2022年10月１日からの施行である。そのため，

2022年10月１日より前に産後パパ育休の申出をすることはできない^(※)。

（※）労働者は事業主に対して，2022年10月１日に，その当日を出生時育児休業の開始予定日とする出生時育児休業申出をすることは可能である。ただし，事業主は，申出があった日の翌日から起算して２週間を経過する日まで（10月１日〜10月15日）のいずれかの日を出生時育児休業の開始予定日として指定することができるので，労働者は必ずしも10月１日から産後パパ育休を取得できるとは限らない。

　もっとも，事業主が，産後パパ育休の申出を同日前に受けて，同日以降に休業を取得させることは可能である（改正Q&A５−５）。

(2)　「子の出生後８週間以内」に「４週間まで取得可能」

　子の出生の日から起算して８週間を経過する日の翌日まで（57日間）が対象になる。この「８週間」は，出産した女性労働者の産後休業が産後８週間であること等を踏まえたものである。

　産後パパ育休は「出産予定日」を踏まえて事前に申請する制度であるが，実際の「出産日」とずれることがある。この場合の取扱いは，図１のとおりである。

　産後パパ育休を取得できる対象労働者には日雇従業員は含まれない。その他の対象労働者の除外については，①有期契約労働者のケースと②労使協定によるケース，を区別する必要がある。

　この点は，改正育介法に対応した規則例に即して説明するとわかりやすいであろう。図２は，改正規則例の第６条（出生時育児休業の対象者）の内容を分解したものである。

図１　出産予定日と出産日にずれが生じた場合の取扱い

出産予定日よりも前に出生	「実際の出生日」から「出産予定日から起算して８週間を経過する日の翌日」まで ※開始日のみ前倒し
出産予定日後に出生	「出産予定日」から「実際の出生日から起算して８週間を経過する日の翌日」まで ※終了日のみ後ろ倒し

第Ⅲ章【4】──両立支援

図2　産後パパ育休（出生時育児休業）の対象者

育児のために休業することを希望する従業員（日雇従業員を除く）であって，産後休業をしておらず，子の出生日または出産予定日のいずれか遅いほうから8週間以内の子と同居し，養育する者	
［有期契約労働者の要件］ 申出時点において，子の出生日また出産予定日のいずれか遅いほうから8週間を経過する日の翌日から6カ月を経過する日までに労働契約期間が満了し，更新されないことが明らかでない者	［労使協定による除外］ 労使協定により除外された次の従業員からの休業の申出は拒むことができる。 ①入社1年未満の従業員 ②申出の日から8週間以内に雇用関係が終了することが明らかな従業員 ③1週間の所定労働日数が2日以下の従業員

　なお，産後パパ育休の対象期間である子の出生後8週以内は，出産した女性は通常の産後休業期間中になる（労基法65条）。そのため，「産後パパ育休」の対象は主に男性になるが，女性でも養子の場合は対象になる（改正Q&A5－3）。

(3)　労使協定により休業中の就業が可能である

　産後パパ育休では，休業中でも労使協定の締結によって就業可能な仕組みが設けられている。

　2で後述するが，産後パパ育休中の就業については，①労使協定の締結が必要であること，②労働者からの就業申出があることが前提であること，③就業日数に上限があること，に注意が必要である。

　このように産後パパ育休は，通常の育児休業とは別枠の制度として位置付けられており，申請手続きや回数制限でも，独自の要件が法定されており，就業規則（育児・介護休業規程）でも独立した条項を設けておくべきである。

2　産後パパ育休の申出の手続き

(1)　申出期限

　申出期限は原則として2週間前である。ただし，図3にあげた措置を講

図3　申出期限にかかる措置

① 次に掲げる措置のうち，2つ以上の措置を講じること。
・雇用する労働者に対する育児介護にかかる研修の実施
・育児休業の関する相談体制の整備
・雇用する労働者の育児休業の取得に関する事例の収集および当該事例の提供
・雇用する労働者に対する育児休業に関する制度および育児休業の取得の促進に関する方針の周知
・育児休業申出をした労働者の育児休業の取得が円滑に行われるようにするための業務の配分または人員の配置にかかる必要な措置

② 育児休業の取得に関する定量的な目標を設定し，育児休業の取得の促進に関する方針を周知すること

③ 育児休業申出にかかる当該労働者の意向を確認するための措置を講じたうえで，その意向を把握するための取組みを行うこと

じることを労使協定で定めた場合には，申出期限を2週間超から1カ月以内の範囲で期限を定めることができる。

　事業主は，労働者側から直前の申出があった場合には，申出日や申出期限を確認したうえで，産後パパ育休の開始予定日が指定可能かを検討することになる。

(2) 申出方法

　産後パパ育休の申出は書面によるほか，一定の要件を満たせば，FAXや電子メール，SNSまたはイントラネットを経由した専用ブラウザによる申出も可能である。

　労働者からの申出を受けた事業主は，以下の事項を記載した「出生時育児休業取扱通知書」を交付する。

・産後パパ育休の申出を受けた旨
・産後パパ育休の開始予定日および終了予定日
・産後パパ育休の申出を拒む場合は，その旨およびその理由

　また，上記通知書の交付以外でも，事業主は，産後パパ育休（出生時育児休業）の申出を受けたときは，労働者に対し，休業中における待遇に関

第Ⅲ章[4]──両立支援

235

する事項，休業後における賃金，配置その他の労働条件に関する事項等に関する取扱いを明示するよう努めなければならないとされている。

(3) 撤回

産後パパ産休の「開始日の繰上げ」および「終了日の繰下げ」は，休業ごとに各1回の変更が可能である。

改正育介法では，産後パパ育休の「開始日の繰下げ」や「終了日の繰上げ」のような休業期間を短縮する変更を労働者の申出で当然に可能とはしていない。この点，改正規則例の解説では「このような場合は，短縮等を希望する労働者と事業主とでよく話し合ってどうするかを決めることになります。労働者が希望した場合には休業期間を変更できる旨の取決めやその手続等をあらかじめ就業規則等で明記しておくことが望ましいと考えられます」と説明されている。

3　産後パパ育休期間における就業の仕組み

(1) 労使協定

産後パパ育休中の就業を可能とするためには，産後パパ育休中に就業させることができる労働者について，あらかじめ労使協定を締結しておくことが必要になる。

具体的な手続きの流れは図4のとおりである。

(2) 申出方法・撤回

改正育介法では，休業前日まで申出できることになっているが，就業日

図4　産後パパ育休期間中の就業の手順

産後パパ育休の申出　➡労働者側の希望申出　➡事業主からの就業日等の検討　➡労働者への速やかな提示　➡労働者の同意

の調整時間を考慮すると前日では対応できない場合も多いだろう。事業主は，労働者からの申出どおりに就業させる義務はないので，申出があっても直前の就業申出であれば「就業させることを希望しない」という対応も可能である。もっとも，運用としては，産後パパ育休前から余裕をもって申出をしてもらうべきであり，改正規則例でも「1週間前までの提出」を求めつつ「休業前日までの申出でも受け付ける」記載になっている。

なお，産後パパ育休と通常の育児休業は別個の制度であるため「産後○週間以内の期間についての休業の申出は出生時育児休業の申出とする」といった自動的・一律の取扱いはできない。そのため，労働者からの休業申出に対しては，事業主側で，通常の育児休業と産後パパ育休のどちらの申出なのかを確認する必要がある（改正Q&A 5 - 7 ）。

就業可能日等の申出は，書面以外にも，一定の要件を満たせば，FAX，電子メール，SNSまたはイントラネットを経由した専用のブラウザによる申出も可能とされている（申出・変更申出書 DL-I ）。

労働者からの就業可能日等の申出変更や撤回，一度同意した就業日等の全部または一部撤回は事由を問わずに産後パパ育休の開始前日まで可能である（申出撤回書 DL-I ）。

他方，休業開始後は，以下の特別な事情がなければ撤回できない。

> ① 配偶者の死亡
> ② 配偶者が負傷・疾病または身体上もしくは精神上の障害その他これに準ずる心身の状況により産後パパ育休の申出にかかる子を養育することが困難
> ③ 婚姻の解消等により配偶者が産後パパ育休の申出にかかる子と同居しなくなった
> ④ 産後パパ育休の申出にかかる子が負傷・疾病・障害その他これらに準ずる心身の状況により，2週間以上の期間にわたり世話を必要とする状態になった

(3) 事業主から労働者への通知

　労働者から就業可能日等の申出があった場合は，事業主は速やかに就業日等の提示をしなければならない（就業日等の提示書 DL-1 ）。また，労働者が提示した就業日等に同意した場合には，事業主は速やかに就業させることとした日等を通知しなければならない（同意〈不同意〉書 DL-1 ，就業日等通知書 DL-1 ，就業日等撤回届 DL-1 ）。

　就業可能日には，以下の上限がある。

---

① 休業期間中の所定労働日・労働時間の半分
② 休業開始・終了予定日を就業日とする場合は当該日の所定労働時間数未満

---

(4) 不利益取扱いの禁止

　休業中は就業しないことが原則であり，産後パパ育休中の就業について，「事業主から労働者に対して就業可能日等の申出を一方的に求めること」や，「労働者の意に反するような取扱いがなされてはならない」とされている（育介法指針）。

　また，「休業中の就業希望を申し出なかったこと」，「就業日等の提示に対して同意しなかったこと」等を理由として解雇その他の不利益な取扱いを行うことは禁止されている。

4　育児休業の分割・延長

(1) 1歳までの育児休業（分割取得）

　改正育介法では，子が1歳までの育児休業は，原則として同一の子について2回まで申出可能となる。例外として「特別の事情」がある場合には

３回目以降の申し出が認められており，この「特別な事情」の具体例としては以下のものがある。

> ・産前・産後休業又は新たな育児休業の開始により育児休業期間が終了した場合で，産前・産後休業又は新たな育児休業の対象となった子が死亡したとき又は他人の養子になったこと等の理由により労働者と同居しなくなったとき
> ・配偶者が死亡したとき
> ・子が負傷，疾病，障害により２週間以上にわたり世話を必要とするとき
> ・保育所等への入所を希望しているが入所できないとき

なお，１歳までの育児休業の申出を撤回した場合は，事業主の雇用管理への影響等を踏まえ，当該申出分はすでに行ったものとみなされる。

⑵　1歳以降の育児休業（延長・再取得）の要件

改正前育介法では，「１歳に達するまでの子」を対象とする育児休業を基本的枠組みとし，一定の要件の下で１歳以降も延長を認めているが，改正育介法では１歳以降の育児休業の延長・再取得について見直しが行われている。

以下では，１歳６カ月までの育児休業のケースで説明する。

改正前の育介法では，図５にある①②の要件に該当する場合に育児休業の延長を認めており，②の要件により「１歳到達日における育児休業」が必要であり，１歳以降の育児休業の再取得の制度はなかった。

しかし，改正育介法は，１歳以降の育児休業の延長について，③の要件（延長後の育児休業を取得していないこと）を追加するとともに，④の「特別な事情」（１歳以降の育児休業が，他の子についての産前・産後休業，産後パパ育休，介護休業又は新たな育児休業の開始により育児休業が終了した場合で，産休等の対象だった子等が死亡等した場合）には，育児休業の再取得を可能とした。

図5　改正育介法における育児休業の延長・再取得の要件

延長ケース	再取得ケース
①　子の1歳到達日後の期間について休業することが雇用の継続のために特に必要と認める場合	
②　申出にかかる子について，労働者または配偶者が，子の1歳到達日において育児休業している場合	④　『特別な事情』
③　子の1歳到達日後の期間において，改正育介法5条3項の規定による申出により育児休業をしたことがない場合	

(3)　1歳以降の育児休業（延長）の開始時期

　改正前育介法では，保育所等に入所できない等の理由により1歳以降も延長して育児休業を取得する場合について，延長した場合の育児休業の開始日が，各期間（〔1歳〜1歳6カ月〕〔1歳6カ月〜2歳〕）の初日に限定されているため，各期間の開始日でしか夫婦交代ができなかった。

　改正育介法は，育児休業を取得していた配偶者の早期復職を可能とする観点から，開始日を柔軟化し，各期間の途中でも夫婦交代を可能としている。

(4)　手続きの注意点

　ここで，改正Q&Aにある育児休業と産後パパ育休の手続きを整理しておこう。

①　育児休業と産後パパ育休の関係

　育児休業について2回まで分割取得が可能になるが，産後パパ育休とあわせた場合，1歳までの間に4回まで取得可能になる（改正Q&A7−1）。

②　申出方法

　産後パパ育休は，2回に分割して取得する場合には初めにまとめて申し出ることが想定されている。他方，通常の育児休業は2回に分割して取得する場合にはまとめて申し出る必要はない（改正Q&A7−3）。

③　取得回数

　育児休業や産後パパ育休については，改正後は，2回に分割して取得す

る場合は各申出について，育児休業の開始予定日の繰上げ（出産予定日前に子が出生した場合等について）を1回，終了予定日の繰下げ（事由を問わない）を1回ずつすることができる（改正Q&A 7－4）。

5　周知・意向確認の措置義務

改正育介法は「妊娠又は出産等についての申出があった場合における措置等」として，事業主は，①労働者が事業主に対し，妊娠・出産したこと等を申し出たときに，②厚生労働省令で定める方法で，育児休業に関する制度その他の厚生労働省令で定める事項を知らせるとともに，③育児休業申出等にかかる労働者の意向確認のための面談等の措置を講じなければならない，と規定している。

(1)　妊娠・出産等の申出方法

上記①の妊娠・出産の申出には，社員本人または配偶者が妊娠・出産したことを告げた場合のほか，配偶者の妊娠の状況や，出産予定日等の妊娠したことが確実である事実を申し出た場合を含む。

このような申出があった際，事業主が当該社員に対して，社員またはその配偶者が妊娠，出産したこと等の事実を証明する書類（母子健康手帳等）の提示や，その写しの提出を依頼し，社員本人が任意で提出することは可能である。ただし，仮にその提出を当該社員が拒んだ場合であっても，当然，当該事実の申出自体の効力には影響がない点に注意が必要である（改正Q&A 2－8）。

申出方法は，書面等の提出に限定されておらず，社員の口頭申出も可能である。申出の有無を巡るトラブル防止のためには，申出書の様式等を定める等の方法で申出内容を記録化できるようにしておくべきだが，そのためには，申出方法を事前に周知しておく必要がある。ただし，事業主が指定した方法によらない申出でも，社員側から妊娠・出産等を告げられた場合には，法の求める措置の実施が必要になる（改正通達）。

⑵　周知する事項

　上記②について，妊娠・出産等の申出をしてきた社員に対して周知する事項は，以下の４種類である。

ア）育児休業・産後パパ育休に関する制度
イ）育児休業・産後パパ育休の申出先
ウ）雇用保険法が規定する育児休業給付に関すること
エ）育児休業・産後パパ育休期間中の社会保険料の取扱い

　これらの事項を労働者に伝える方法としては，「面談による方法」「書面交付」のほか，社員が希望する場合には「ファクシミリの送信」や「電子メール等の送信」も認められている。

　なお，2022年10月以降の妊娠・出産等の申出が行われた場合は，産後パパ育休（出生時育児休業）の周知も必要となる。また，妊娠・出産等の申出が2022年10月以前に行われた場合であっても，子の出生が2022年10月以降に見込まれる場合は，産後パパ育休（出生時育児休業）の制度も含めた周知が望ましいとされている（改正Q&A２−５）。

⑶　意向確認の措置

　上記③について，育児休業の申出等にかかる社員の意向確認のための方法としては，「面談による方法」「書面交付」のほか，労働者が希望する場合には「ファクシミリの送信」や「電子メール等の送信」も認められている。ここでいう「書面交付」は，社員の意向確認のための事項を記載した書面を社員に交付する方法（直接手交や郵送）をいう。

　改正通達は，申出後に措置を行う場合は，措置を受けた社員が希望日からの育児休業が可能なように配慮し，適切な時期に実施することが必要としている。

　なお，意向確認をした際に，社員が「育児休業の取得の意向はない」旨を回答したとしても，当該社員は法に基づく育児休業の申出を行うことができ，

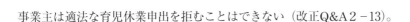

事業主は適法な育児休業申出を拒むことはできない（改正Q&A2-13）。

6　育児休業の取得状況の公表

(1)　公表義務

　改正育介法は，育児休業取得に向けた取組みを進めていく機運を醸成するため，常時雇用する労働者数が1,000人を超える事業主に対し，育児休業の取得状況の公表義務を課した。

　公表する内容は，①育児休業等の取得割合，②育児休業等と育児目的休暇の取得割合のいずれかである。細かな内容は改正通達で説明されている。

(2)　公表方法

　育児休業の取得状況の公表方法は，ア）インターネットの利用や，イ）その他の適切な方法により行うものとされている。

　ア）の「インターネットの利用」は，自社のホームページや仕事と家庭の両立の支援に積極的に取り組んでいる企業の取組み等を掲載しているサイト「両立支援のひろば」の利用等をいう（改正通達）。

　イ）の「その他の適切な方法」としては，「日刊紙への掲載」「県の広報誌」等がある。また，インターネット等の利用が不可能な事業主の場合には事務所に備え付ける等の方法により，求めに応じて一般の者がその状況を知りえるようにする方法も差し支えないとされている（改正通達）。

7　育児休業の取得要件の変更

(1)　有期契約労働者の「勤務期間」の要件削除

　従前は，有期契約労働者が育児休業を取得するためには，「引き続き雇

第Ⅲ章【4】──両立支援

用された期間が1年以上」という要件を満たす必要があったが，今回の法改正でこの要件が廃止され，法律上の対象外から(2)で述べる労働協定除外の対象に変更となる。

　そのため，改正育介法の施行後では，有期契約労働者が育児休業を取得する場合に必要な要件は，申出時点において「子が1歳6カ月（同法5条4項*1の申出では2歳）に達する日までに労働契約期間が満了し，更新されないことが明らかでないこと」になる。

＊1　1歳6カ月から2歳までの育児休業

(2)　労使協定による除外

　改正育介法においても，改正前と同様に労使協定の締結によって，以下の社員は対象外とすることができる。

・入社1年未満の従業員
・申出の日から1年（改正育介法5条3項*2および4項の申出にあっては6カ月）以内に雇用関係が終了することが明らかな従業員
・1週間の所定労働日数が2日以下の従業員

＊2　1歳から1歳6カ月までの育児休業

　問題となるのは，すでに締結している労使協定で「引き続き雇用された期間が1年未満の社員」（入社1年未満の従業員）について有期雇用や無期雇用を問わない形で除外していた場合である。このような場合，①労使協定を改めて締結し直す必要があるのか，②締結し直さなくとも従前の労使協定で除外されるのか，という点について，改正Q&Aでは①としている（改正Q&A4－3）。

　改正法の施行後も入社1年未満の有期契約労働者を対象から除外するためには，改めて労使協定を締結しなければならない点に注意する必要がある。

8　介護休業の取得要件の変更

(1)　有期契約労働者の「勤務期間」の要件削除

　介護休業についても，有期契約労働者の「引き続き雇用された期間が1年以上」の要件は削除される。

　そのため，改正育介法の施行後では，介護休業の対象となる有期契約労働者の要件は，申出の時点において，「介護休業開始予定日から起算して93日を経過する日から6カ月を経過する日までに労働契約期間が満了し，更新されないことが明らかでないこと」になる。

(2)　労使協定による除外

　改正育介法においても，育児休業の場合と同様，労使協定により以下の労働者を対象外とすることができる。

- ・入社1年未満の従業員
- ・申出の日から93日以内に雇用関係が終了することが明らかな従業員
- ・1週間の所定労働日数が2日以下の従業員

　注意点は7(2)で述べた育児休業の場合と同じである。

プロフィール---

高仲幸雄（たかなか・ゆきお）　　早稲田大学法学部卒業。2003年弁護士登録（第一東京弁護士会），中山慈夫法律事務所（2005年4月，中山・男澤法律事務所に改称）入所，2013年パートナー，現在に至る。2009年以降，国士舘大学21世紀アジア学部非常勤講師（春期）。著書に，『労使紛争防止の視点からみた人事・労務文書作成ハンドブック』『同一労働同一賃金Q&A』『図解　人事・労務の基本と実務』など多数

第Ⅲ章[4] 両立支援

（豆知識④）　新しい働き方の落とし穴？

　育介法や高年法の改正を踏まえた制度等の準備，浸透してきたテレワークやオンライン採用の最適化，はたまた副業・兼業や業務委託，異業種雇用シェアリング等々……本書ではさまざまな働き方に触れています。コロナ禍で必要に迫られて，という経緯があったとしても，ますます従来にない働き方が加速するであろうことは，読者の皆さんも実感していると思います。

　一方で，今までにない働き方だからこそ気を付けなければならない点があります。例えば，労働者性に関する問題。

　コロナ禍での外出自粛もあり，ウーバーイーツや出前館といったデリバリーサービスは大きく知名度を上げましたが，これらの配達員は，業務委託の個人が多いのが実情です。何らかの問題を起こしたり巻き込まれた場合，その責任は誰が取るのか。これは労働者性（労働者かどうか。労働法で保護されるべきか）の問題ですが，すでにイギリスでは裁判になっており，日本でも法解釈も含め整理される必要は待ったなしです。

　あるいは契約社員や派遣社員だけが出社し，正社員は在宅勤務していて，差別だとトラブルになる例もあります。このケースでは団体交渉を申し込むにしても正社員でないため，ユニオンに加盟しての交渉になることも多いようです。こうした「正社員でないから」という問題は，同一労働同一賃金の問題も含めて以前からあったものですが，より顕著になっていくかもしれません。

　また，労働時間に目を向ければ，週に1日だけ，あるいは2時間だけ，3時間だけなど，ますます細分化されてきていて，選択肢は増えているもののその分トラブルの数も増えているようです。

　社内と社外，出社と在宅など，さまざまな垣根がなくなる一方で，今までにない問題や課題も増えてくるのでしょう。

レポート：
出生サポート（妊活）休暇

ジャーナリスト　溝上　憲文

1　国家公務員，不妊治療休暇制度導入の背景
2　職場風土を変える必要も

【ポイント】
◎ 国家公務員（常勤・非常勤）に，2022年4月1日より，1年5日（有給）の出生サポート休暇制度を導入。時間単位取得も可能
◎ 2022年4月1日から，公的医療保険の適用対象へ
◎ 休暇がとれる職場風土にすることが重要

1　国家公務員，不妊治療休暇制度導入の背景

　国家公務員に不妊治療休暇を付与する改正人事院規則が2021年12月１日に公布され，2022年４月１日から施行される。一部の民間企業では休暇制度を設けているところもあるが，民間に先駆けて制度を導入するのは異例だ。

　新制度の名称は「出生サポート休暇」。原則として１年につき５日とし，体外受精や顕微授精などの頻繁な通院を要する治療を受ける場合は５日加算し，計10日取得できる。また１時間単位の取得も可能としている。もちろん常勤・非常勤職員，男女を問わず取得できる（表1）。

(1)　少なくない対象者

　実際に不妊治療をしている人や検討している人は少なくない。人事院が一般職の国家公務員（47,369人）を対象に実施した「不妊治療と仕事の両立に関するアンケート調査」（2021年８月10日）によると，「不妊治療の経験があり，現在も治療している」人が1.8％，「不妊治療の経験があり，現在は治療していない／治療を中断している」人が10.1％，「不妊治療を検討している／検討したことがある」人が3.7％。不妊治療の経験者，検討しているまたは検討したことがある人の合計は15.6％に上る。

(2)　重い経済的負担，保険適用へ

　近年，不妊治療をめぐっては経済的負担の軽減策や仕事との両立を支援する動きが広がっている。日本産科婦人科学会の調査によると，2018年に体外受精で生まれた子どもは約57,000人。16人に１人が体外受精で生まれた計算になる。一方，体外受精の１回あたり治療費は平均約50万円もかかる。

　不妊治療はこれまで公的医療保険の適用対象外だったが，2022年４月から保険が適用される。ただし，女性の年齢は体外受精や顕微授精の場合は，治療開始時点で43歳未満という制限がある。また，１子あたりの保険適用回数は女性の年齢が40歳未満で６回，40歳以上43歳未満は３回になる。男

表1　国家公務員の「出生サポート休暇」の概要

内　　　容：常勤職員・非常勤職員（※1）ともに不妊治療に係る通院等（※2）のため勤務しないことが相当であると認められる場合に使用できる有給の休暇 ※1　非常勤職員については，次の①および②のいずれも満たす非常勤職員が対象 　　①　勤務日が週3日以上または年121日以上である非常勤職員 　　②　6月以上の任期が定められているまたは6月以上継続勤務している非常勤職員 ※2　「通院等」には，医療機関への通院，医療機関が実施する説明会への出席等，そのために必要な移動（自宅または職場と医療機関等との間の移動）を含む。入院も含む。
休 暇 期 間：1の年（非常勤職員の場合には，1の年度）において5日の範囲内 ただし，体外受精および顕微授精に係る通院等である場合にあっては，10日の範囲内
休暇の単位：1日または1時間
給与の取扱い：有給
施　行　日：2022年4月1日

資料出所：人事院HPより作成。

性の年齢制限はない。

(3)　両立支援の課題

　一方，経済的負担を保険でカバーできても，仕事を持つ人にとって治療と仕事との両立が難しいという課題もある。人事院の前出調査によると，不妊治療経験者や不妊治療を検討している人のうち，不妊治療と仕事を両立することについて「両立することはできると思うが，かなり難しいと思う」と回答した人が62.5％，「両立することは無理だと思う」が11.3％と，多くの人が困難さを感じている。仕事との両立が難しい・無理な原因として最も多かったのは「通院回数が多い」（46.1％），次いで「経済面の負担が大きい」（44.6％），「告げられた通院日に外せない仕事が入るなど，仕事の日程調整が難しい」（41.0％），「職場が忙しかったり，仕事を代替できる者がいないため，職場を抜けづらい」（35.6％）の順となっている。
　また，不妊治療と仕事を両立する場合，希望する治療スタイルとして

図　不妊治療との両立を支援する取組み（複数回答，3つまで）

項目	値
不妊治療のための休職制度	15.5
不妊治療にも利用できる休暇（多目的休暇を含む）	46.3
不妊治療にも利用できる短時間勤務	12.7
不妊治療にも利用できる時差出勤	20.1
不妊治療にも利用できるフレックスタイム制	30.3
社員の理解を促進するための経営トップによるメッセージ発信	4.6
社員の理解を促進するための冊子の作成・配布	5.1
社員の理解を促進するための研修・セミナーの実施	8.7
その他	9.9
取り組んでいない（予定なしを含む）	37.9 (n=393)

資料出所：経団連「2021年人事・労務に関するトップ・マネジメント調査結果」

「勤務時間中でも，必要なときに通院し，治療を受けたい」と答えた人が最も多かった。治療と仕事の両立を支援するために民間企業でも独自の不妊治療休暇を設ける企業が徐々に増えている。経団連の調査によると「不妊治療のための休職制度」がある企業は15.5％，「不妊治療にも利用できる休暇（多目的休暇を含む）」が46.3％，「不妊治療にも利用できる短時間勤務制度」が12.7％となっている（図）。

(4) 政府の後押し

　政府は，不妊治療のために利用可能な休暇制度などを社員利用させた中小企業事業主を支援する助成金制度も実施している。さらに2021年4月には次世代育成支援対策推進法に基づく「行動計画策定指針」に盛り込むことが望ましい事項として，不妊治療の休暇制度など「不妊治療に配慮した措置の実施」が入った。

　不妊治療休暇創設の後押しともいえるが，それでも公務員が先駆けて制度化するのはなぜか。人事院の担当者は「2020年5月に閣議決定された『少子化社会対策大綱』で，不妊治療と仕事の両立のための職場環境整備を推進することが盛り込まれた。治療の段階が進むと，体への負担も重くなり，それなりの通院日数も必要になる。アンケートでも仕事との両立が

難しい原因として通院回数が多いという結果も出ている。少子化対策という社会的な要請も踏まえて不妊治療の休暇を新設した」と語る。

　はたして少子化対策にどれだけの効果があるのかわからないが，上限10日の休暇は短いようにも感じる。国家公務員労組の幹部も「地方自治体では先行して不妊治療休暇を設けているところもあり，われわれとしても不妊治療休暇の新設を求めてきた経緯もある。少子化社会対策として公務が率先してやることはきわめて高く評価できる。今後は原則５日プラス５日の10日は短すぎるという指摘もあり，本当に満足できるものなのか，検証しながら環境を整えていく必要がある」と語る。

2　職場風土を変える必要も

　不妊治療休暇を設けることはよいとしても，実際に不妊治療を行う人はさまざまな悩みを抱えている。公益財団法人１more Baby応援団の「夫婦の出産意識調査2021」（2021年５月31日）によると，不妊治療を行うにあたってあるとよい金銭的支援以外のサポートは，不妊治療を目的とした休暇制度や時間単位の休暇の48.1％だった。最も多いのは「勤務先での不妊治療に対する上司，同僚などの理解（風土）」（58.0％），次いで「不妊治療として申請せずとも有給休暇をいつでも誰でも取得できる風土」（52.9％）となっている。

第Ⅲ章[4]──両立支援

表2　不妊治療と仕事の両立支援に関する主な情報源

機関	情報提供内容，サービス等
東京都	チャイルドプランサポート事業（制度整備奨励金など）
厚生労働省	厚生労働省ＨＰに「不妊治療と仕事の両立のために」というページあり 　―不妊治療と仕事の両立サポートハンドブック 　―事業主・人事部門向け「不妊治療を受けながら働き続けられる職場づくりのためのマニュアル」
NPO法人 Fine	Fine 妊活プロジェクト（両立支援制度導入ガイドラインなど）
さんぎょうい	不妊治療と就労の両立支援　情報サイト（PEARL）
ファミワン	福利厚生としての従業員向け妊活支援サービス
スピンシェル	スグケア for biz（退職を防ぐ福利厚生プログラムサービス）

　子どもを欲しい当事者にとっては休暇制度があっても知識不足や偏見に満ちた職場の雰囲気が改善されなければ申請する人は少なく，休暇制度を設けても従来の有給休暇を使う人が出てくるかもしれない。前出の人事院の調査では，不妊治療をしていることを伝えることについて，不妊治療の経験がある人・不妊治療を検討している人のうち「積極的に伝えたい／知ってほしい」人は5.2％と少なく，「誰にも伝えたくない」人が31.4％もいる。一方「仕事上，必要最小限の関係者に伝えることは構わない」人が54.1％となっている。

　実は今回の公務員の不妊治療休暇の新設は，「休暇を申請すると，上司や周りの職員に伝えざるを得ないが，伝えることをどう思うかについては，必要最小限の関係者に伝えることは構わないとの回答も多かった」（人事院担当者）ことも理由の1つになっている。

　必要最小限の関係者とは，申請する管理職または人事部ということになる。当然，管理職には不妊治療に関する知識や理解と共感が必要になり，管理者に対する研修など啓発活動も重要になる。いずれ民間企業でも制度が法律化される公算が高いが，制度があっても男性育休のように取得率が低いのでは困る。不妊治療のための休暇を誰もが取得しやすい職場風土に変えていくことが企業にも求められている。

プロフィール--

溝上憲文（みぞうえ・のりふみ）　1958年鹿児島県生まれ。明治大学政治経済学部卒。『隣の成果主義』『非常の常時リストラ』『人事部はここを見ている』等著作多数。

第III章 ┅┅【5】

新しい働き方

改定「副業・兼業ガイドライン Q&A」をどう読むか

第一芙蓉法律事務所　弁護士　**小鍛冶　広道**

【ポイント】

◎ フレックスタイム制における労働時間通算の考え方が示された

◎ 法定休日の取扱いについて行政解釈が示された

◎ 在籍型出向（兼務出向）の場合には，労働時間通算のうえ健康
確保措置を実施する必要があるとされた

1 改定ガイドライン／改定Q&Aの概要

　厚労省は2020年９月に「副業・兼業の促進に関するガイドライン」を改定した（以下，改定ガイドライン）（**DL12**）。改定ガイドラインのポイントについては，①労基法38条１項（労働時間通算制）に関する具体的な行政解釈を適示したこと，②「簡便な労働時間管理の方法」（管理モデル）を提示したこと，③安全配慮義務／健康管理に関する記載が拡充されたこと，以上の３点に要約することができる。

　さらに，厚労省は2021年７月，改定ガイドラインの補足資料として，「『副業・兼業の促進に関するガイドライン』Q&A」の改定版（以下，改定Q&A）（**DL12**）を公表した。

　そこで本稿では，改定Q&Aのポイントについて，かいつまんで説明したい。

　なお，改定Q&Aについては，改定ガイドラインにおいて提示された「管理モデル」の考え方を説明するのに多くの頁を割いているが，現状では筆者が「管理モデル」の実施について具体的な相談を受けた経験はほぼ皆無であるため，「管理モデル」の考え方に関する解説は本稿では省略したい。

2 改定Q&Aのポイント

(1) フレックスタイム制における労働時間通算の考え方が示されたこと

　上記のとおり，改定ガイドライン（および行政通達：令2.9.1基発0901第３号）においては，労基法38条１項に関する具体的な行政解釈が示されている。その概要は，**図１**のとおりである。

　しかしながら，例えばフレックスタイム制を採用している事業場で就業している労働者が固定勤務の事業場で副業・兼業を行った場合において，

図1　改定ガイドラインに示された労基法38条１項に関する行政解釈の概要

---

① 「非雇用」形態の場合のみならず，「雇用」形態の場合も，労働時間規制が適用されない場合（管理監督者等）については，労働時間の通算は行われない。

② 時間外・休日労働時間が単月100時間未満，２〜６カ月平均80時間以下でなければならない旨の規制（労基法36条６項２号・３号）の適用においては，自らの事業場における労働時間および他の使用者の事業場における労働時間が通算される。

③ それぞれの事業場における時間外労働が36協定において定めた延長時間（１日，１カ月，１年。原則として45時間／月，360時間／年，特別条項においても720時間／年の範囲内で定められている）の範囲内であるか否かについては，自らの事業場における労働時間と他の事業場における労働時間とは通算されない。

④ 休憩（労基法34条），休日（同35条），年次有給休暇（同39条）の適用においては，自らの事業場における労働時間と他の使用者の事業場における労働時間は通算されない。

⑤ 労働時間の通算は，自らの事業場における労働時間制度を基に行い（週・月の起算日も自らの事業場の起算日を用いる），自らの事業場の労働時間制度における法定労働時間を超える部分が時間外労働になる。

⑥ 他の使用者の事業場における実労働時間は「労働者からの申告等」により把握するが，必ずしも日々把握する必要はなく，労基法を遵守するために必要な頻度で把握すれば足りる（一定の日数分をまとめて申告等させる，所定外労働があった場合にのみ報告させる，等）。

⑦ 労働時間の通算は，「まずは労働契約の締結の先後の順に所定労働時間を通算」「次に所定外労働の発生順に所定外労働時間を通算」という順序で行う。

各事業場における労働時間の通算は具体的にどのように行えばよいのか，といった問題については，上記⑤や⑦に示された抽象的な行政解釈のみでは処理することができず，対応に窮する状況となっていた。

このような事態を踏まえ，改定Q&Aにおいては，フレックスタイム制における労働時間通算の考え方が示された。

これによれば，フレックスタイム制（清算期間１カ月）を導入している事業場（A事業場）において同制度の適用を受けて労働している労働者が，新たに別の事業場（B事業場）において固定勤務で働く場合において，A事業場・B事業場における労働時間通算の考え方は，図2のとおりとなる。

この考え方によると，結局のところ，使用者Aとしては，A事業場の清算期間における法定労働時間の総枠を超えた労働時間に対してのみ割増賃金を支払えばよいのに対し，使用者Bとしては，B事業場におけるすべて

図2　フレックスタイム制（清算期間1カ月）を導入している事業場（A事業場）において同制度の適用を受けて労働している労働者が，新たに別事業場（B事業場）で固定勤務で働く場合

A事業場における労働時間通算の考え方	B事業場における労働時間通算の考え方
❶ A事業場における清算期間における法定労働時間の総枠の範囲内までの労働時間を「固定的な労働時間」とし，B事業場における所定労働時間を通算する	❶ A事業場における所定労働時間を「1日8時間／1週40時間」と「仮定」して，自らの事業場（B事業場）の所定労働時間を全て法定外労働時間として通算
❷ B事業場における所定外労働時間を通算する	❷ B事業場における所定外労働時間を全て法定外労働時間として通算
❸ A事業場における清算期間における法定労働時間の総枠を超えた時間を通算する（Aが割増賃金支払義務を負うのはこの部分のみ）	❸ A事業場における清算期間における法定労働時間の総枠を超えた時間を法定外労働時間として通算

の実労働時間について（所定内外を問わず）割増賃金を支払わなければならない，ということになる。

(2) 法定休日の取扱いについて具体的な行政解釈が示されたこと

また，改定Q&Aにおいては，以下のとおり，法定休日の取扱いについて具体的な解釈が示された。この点も実務上は有益といえるであろう。

> ① 他の使用者の事業場において，他の使用者の事業場の法定休日に労働を行った場合は，自らの事業場における法定休日の労働ではないため，自らの事業場の労働時間と通算する場合は，他の使用者の事業場における所定外労働として取り扱う
> ② 他の使用者の事業場において，自らの事業場の法定休日に労働を行った場合は，自ら指示した労働ではないため，他の使用者の事業場における所定労働時間または所定外労働時間として取り扱う
> ③ 労働者が自らの事業場の法定休日に他の使用者の事業場において副業・兼業を行った場合においても，自らの事業場における法定休日は確保したことになる

(3) 労働時間通算のうえで健康確保措置（安衛法）を実施するのが適当な場合として「在籍型出向（兼務出向）」が例示されたこと

改定ガイドラインにおいては，安全配慮義務／健康管理について以下のような記載がされている。

① 安全配慮義務に関して，「使用者が，労働者の全体としての業務量・時間が過重であることを把握しながら，何らの配慮もしないまま，労働者の健康に支障が生じるに至った場合」に問題となりうるとしたうえで，以下の措置を推奨している。

> ☑ 就業規則等において，長時間労働等によって労務提供上の支障がある場合には，副業・兼業を禁止または制限することができることとしておくこと
>
> ☑ 副業・兼業の届出等の際に，副業・兼業の内容について労働者の安全や健康に支障をもたらさないか確認するとともに，副業・兼業の状況の報告等について労働者と話し合っておくこと
>
> ☑ 副業・兼業の開始後に，副業・兼業の状況について労働者からの報告等により把握し，労働者の健康状態に問題が認められた場合には適切な措置を講ずること

② 安衛法上の健康確保措置（一般健康診断，ストレスチェック，長時間労働者に対する面接指導及びこれらの結果に基づく事後措置等）の実施対象者の選定にあたって副業・兼業先の労働時間を通算することは必要ないが，「使用者の指示により副業・兼業を開始した場合」には，当該使用者は自らの事業場における労働時間と通算した労働時間に基づき健康確保措置を実施することが「適当である」としている。

しかるところ，改定Q&Aにおいては，上記②の「使用者の指示により副業・兼業を開始した場合」の例として，在籍型出向（兼務出向）のケースがあることが示された。この点についても，留意が必要となる。

(4) その他のポイント

以上のほか，次のような点が，改定Q&Aに関する実務上のポイントとして指摘できる。

・労働時間通算の順序（**図1**の⑦）については，有期労働契約の「更新」によっては変更されないことが示されたこと
・労働時間通算の順序（**図1**の⑦）については，三者間の合意により変更可能であることが示されたこと

プロフィール---

小鍛冶広道（こかじ・ひろみち）　早稲田大学法学部卒業。1998年弁護士登録（第50期），第一扶養法律事務所入所。近時の著作として，「2022年度版就業規則・諸規程等の策定・改定，運用ポイント」（産労総合研究所『労務事情』2022年2月1日号），『新型コロナウイルス影響下の人事労務Q&A』（中央経済社・編著代表）など。

業務委託の可能性

人事コンサルタント／インディペンデント・コントラクター協会　顧問　**田代　英治**

1　法的整備の動向

2　業務委託でどういう働き方ができるのか

3　会社にとっての留意点

【ポイント】

◎ 業務委託契約で仕事を請け負うのが「業務委託」

◎ 副業，兼業，高齢者雇用に活用の可能性

◎ 法的な保護のあり方について検討中

◎「自律・自立」「セルフコントロール」「自己研鑽」がカギ

　近年，個人の働き方が多様化し，雇用型テレワークや副業・兼業といった雇用関係による柔軟な働き方だけでなく，非雇用（自営）型テレワークやフリーランスといった，雇用関係によらない働き方が注目されている。

　パラレルキャリア，副業など会社以外の仕事やNPO活動に従事する働き方は，あくまで軸足を本業におきつつ，雇用契約を継続したままで，社外での知見を何らかの形で本業に結びつけることを意識したキャリアのあり方といえる。

　これに対して，非雇用型テレワークやフリーランスの働き方は，本業の会社から独立した形で，外部のプロフェッショナルとして，雇用契約によらず，"業務委託契約"により，仕事を請け負うものである。

　筆者は，2005年に，新卒で入社した会社との雇用契約を業務委託契約に切り替えてもらい，独立した。15年以上たって還暦を超えたが，小規模ながら人事コンサルティング会社を営むかたわら，その会社の人事部との業務委託契約は継続している。

　ここでは，昨今のコロナ禍を経て，さらに広まりをみせている非雇用型テレワークやフリーランスの課題および今後の可能性を提示したい。

1　法的整備の動向

　フリーランス等非雇用型の働き方は，2年にも及ぶコロナ禍を経て，さらに拡大する様相を呈している。このような状況下において，2021年3月に関係省庁が連名で，「フリーランスガイドライン」を策定し，フリーランス化の動きに対応している。フリーランスの拡大の動きに対する政府の2017年以降の対応を簡単に振り返っておこう。

(1)　働き方改革実行計画

　2017年3月に取りまとめられた「働き方改革実行計画」のテーマに，「柔軟な働き方がしやすい環境整備」が掲げられ，労働者の柔軟な働き方を推進するため，以下3つの取組みが行われることになった。

> ① **雇用型テレワークのガイドライン刷新と導入支援**
>   労働者のテレワークやサテライトオフィスでの勤務を推進するため，ガイドラインの刷新や導入支援などを行う。
> ② **非雇用型テレワークのガイドライン刷新と働き手への支援**
>   良好な就業形態を実現するため，ガイドライン改定や教育訓練等の支援，ルールの明確化を行う。
> ③ **副業・兼業の推進に向けたガイドラインの策定**
>   副業・兼業の推進を目指し，ガイドラインの策定やモデル就業規則の改定を行う。

　ここでは，多様な働き方の1つとして，「クラウドソーシング」が拡大し，雇用契約によらない働き方による仕事の機会が増加していることが指摘された。2017年度以降，このような自営型（非雇用型）テレワークをはじめとする雇用類似の働き方が拡大している現状に鑑み，「非雇用型テレワークを始めとする雇用類似の働き方全般（請負，自営等）について，それぞれの働き方について順次実態を把握し，雇用類似の働き方に関する保護等のあり方について，有識者会議で法的保護の必要性を含めて中長期的に検討する」ことになった。

(2)　「雇用類似の働き方に関する検討会」報告書

　その後，厚労省では，「雇用類似の働き方に関する検討会」を開催し，「雇用」と「自営」の中間的な働き方（雇用類似の働き方）をする者に関する実態等を把握・分析し，課題整理が行われた。
　2018年3月30日に公表された「『雇用類似の働き方に関する検討会』報告書」では，「雇用類似の働き方の者」を「発注者から仕事の委託を受けるなどして主として個人で役務の提供を行い，その対償として報酬を受ける者」と定義する意見のほか，「発注者から仕事の委託を受け，主として個人で役務を提供し，その対償として報酬を得る者の中でも，不本意な契約を受け入れざるを得ない状態（これを経済的従属性と呼ぶことも考えら

れる）である者」と定義する意見も出された。

(3) 「フリーランスとして安心して働ける環境を整備するためのガイドライン（フリーランスガイドライン)」

　2020年7月に閣議決定された成長戦略実行計画において，フリーランスとして安心して働ける環境を整備するため，政府として一体的に，保護ルールの整備を行うこととされた。

　これにより，事業者とフリーランスとの取引について，私的独占の禁止および公正取引の確保に関する法律，下請代金支払遅延等防止法，労働関係法令の適用関係を明らかにするとともに，2021年3月に，これら法令に基づく問題行為を明確化するためのガイドラインを，内閣官房，公正取引委員会，中小企業庁，厚生労働省の連名で策定し，フリーランスとして安心して働ける環境を整備した。

　なお，新しい働き方について論ずる際には，それをどのように定義するかが重要になる。厚生労働省の検討会報告やガイドライン，また各関係団体は右表のように定義している。

2　業務委託でどういう働き方ができるのか

　いずれは業務委託でフリーランスとして働いてみたいと考えている人や希望する社員には，業務委託を考えている会社も増えてきている。業務委託で働く場合，会社との雇用契約での働き方が，どのように変わるかを具体的にイメージし，実際にそのような働き方ができるのかどうかを働く立場から検証しておく必要がある。実際，業務委託でフリーランスとして働くようになれば，以下のような特徴がある働き方に変わることになる。

(1) 自己決定権をもつ働き方

　自己決定権とは，自分の生き方・生活スタイルについて自分自身が自由に決定する権利のことをいう。フリーランスになれば，当然のことながら，

表　フリーランス等の働き方をする者の定義

名　称	定　義	機関, 資料名
雇用類似の働き方の者	発注者から仕事の委託を受けるなどして主として個人で役務の提供を行い, その対償として報酬を受ける者（「発注者から仕事の委託を受け, 主として個人で役務を提供し, その対償として報酬を得る者の中でも, 不本意な契約を受け入れざるを得ない状態である者」とする意見もあり）	「雇用類似の働き方に関する検討会」報告書
フリーランス	実店舗がなく, 雇人もいない自営業主や一人社長であって, 自身の経験や知識, スキルを活用して収入を得る者	フリーランスガイドライン
フリーランス（副業・兼業を含む広義のフリーランス）	特定の企業や団体, 組織に専従しない独立した形態で, 自身の専門知識やスキルを提供して対価を得る人	フリーランス白書2021（一般社団法人プロフェッショナル＆パラレルキャリア・フリーランス協会）
インディペンデント・コントラクター（IC）	「期限付きで専門性の高い仕事」を請け負い, 雇用契約ではなく業務単位の請負契約を「複数の企業」と結んで活動する独立・自立した個人（※同協会では, ICとは, 「サラリーマンでも, 事業家でもなく, フリーエージェントである働き方」であり, 「雇われない, 雇わない働き方」こそがICの生き方であるとしています。）	NPO法人インディペンデント・コントラクター協会（IC協会）HP

自分のことを自分自身が決めなければならない。この点, フリーランスの働き方について, アメリカの経営コンサルタント, ダン・フィーリーは次のように述べている。

　「好きな時に, 好きな場所で, 好きな量だけ, 好きな条件で, 好きな相手と仕事をすることができる。仕事をしなかったり, 仕事の依頼を断ったりすれば, それなりの代償はある。けれど, 少なくともそれを決めるのは自分だ。」（『フリーエージェント社会の到来』ダイヤモンド社）

　しかし, 日本人の場合は, 会社組織への従属心や依存心が強く, 上からの指示がなければ動けず,「自分のことを自分自身が決める」ということが, 思いのほか難しいと感じる人が多いのではないかと思う。自分ですべてを決めていくことに自由と高揚感を覚えるか, それとも面倒臭さと不安感を覚えるかが, フリーランスでやっていけるかどうかの分水嶺となるだろう。

　また，自分のことを自分自身が決めることができるためには，「自立」と「自律」の2つの「じりつ」が必要になる。さらに，自分の感情や行動を自分で制御する「セルフコントロール」ができるかどうかも重要なポイントとなる。「セルフコントロール」は，自分で何かを決めるとき，誘惑や衝動に直面した際に，自己の意思で感情，思考，行動を抑制し，直接的な外的強制力がない場面で自発的に自己の行動を統制する行動プロセスである。あらゆるビジネスパーソンに必要だが，業務委託で働く場合にはとくに必要なものとなる。

(2)　生産性の高い働き方

　社員は，会社に雇用されている以上，就業規則に基づき行動しなければならない。会社が就業規則やその他の就業ルールを定め，社員の自由を制限する形になっているが，会社が集団で動いている以上，個人の自由を認めると生産性が下がってしまうことが理由の1つである。

　会社のルールは，決して社員の自由を奪うことを目的としているわけではなく，仕事の生産性を上げたり，業務の効率化をめざしたり，何らかの合理的な意図をもって作られたものである。それが，いつのまにか時代に合わなくなったり，例外的措置が多くなったり，ルールが形骸化してしまい，当初の意図から外れているのであれば，修正が必要である。

　一方で，自律的に仕事のできる，意欲のある人ほど，修正されたものであっても，会社の規定やルールに縛られることを嫌う。会社が最大公約数にあてはまるように決めたルールよりも，長年の経験から自分で生み出したやり方のほうが，生産性を高めることができることを知っているからである。このような人たちは，業務委託であれば，労働法制の適用を受けることなく，時間や場所に縛られず，自らが考える生産性の高い働き方を選択し，生産性と満足度を高めて，質の高いアウトプットを生み出すことが期待できる。

(3)　責任と表裏一体な自由な働き方

　業務委託で働くことで得られる「自由」は，会社に所属することの安定

と引換えに得られるものである。この「自由」は，常に「責任」と表裏一体の関係にある。たとえば，フリーランスになれば，自らの意思で長期の休暇を取る自由がありますが，その間に仕事ができなかった分の機会損失も自分自身が引き受けることになる。

フリーランスの「自由」は，いつどのようにどんな形で仕事をするかを決定する「責任」と一体化した「自由」である。ここでいう「責任」とは，何らかの失敗をした場合の「責任」を指す。たとえば，仕事で大きな失敗をしたという場合，その代償は，契約を解除されたり，損害賠償を請求されたりという形で，すぐさま自分に跳ね返ってくる。

その一方で，成功した場合は，成果に基づく報酬もすべて自分のものになる。会社に雇用されている場合にはそのようにはならないが，逆に，担当者あるいは責任者として大きな失敗をしたとしても，その責任を自分1人で負うこともない。

リスク許容度にもよるが，業務委託での働き方は，一般にハイリスク・ハイリターンといえるだろう。ただ，雇用契約とどちらのほうがよいかは，それぞれ一長一短があり，人によってその答えは異なるだろう。

(4)　自己研鑽が必須となる働き方

継続的な関係が保証されていない業務委託では，与えられた委託業務をただこなすだけでなく，常に専門知識，スキルや能力を向上させ続ける必要がある。このように自己研鑽を続けていかなければ，移り変わりの激しい世の中の動きにはついていけず，仕事を続けていくことは難しくなる。

自らの意思で主体的に学習を無理なく続けていくために，基本的にその仕事が好きで夢中になれる（場合によってはフロー状態になる）というレベルが望ましいといえる。通常は，いまの仕事で業務委託という場合が多いだろうが，もっと夢中になれる仕事があれば，そちらの仕事で考えてもよいと思う。

また，仕事のためのレベルアップだけでなく，新しい顧客を開拓して仕事を継続させること，自分のスケジュールを管理して顧客と納期や報酬などを交渉すること，さらには，自らの体調を管理して仕事に穴を開けない

第Ⅲ章[5]　新しい働き方

ようにすることなどにも取り組まなければならない。委託業務の専門知識
等だけでなく，このようなことにもレベルアップを図る必要がある。

3　会社にとっての留意点

　会社が，希望する社員を雇用から業務委託に切り替える制度を導入しよ
うとする場合，労働者性の問題等法的なハードルをクリアする必要がある
が，そもそも自社の社員が上記のような働き方ができるだけのマインドや
スキルをもっているのかを十分に検証する必要がある。

　さもないと，制度を導入しても，実際手をあげる人が出ず画餅になって
しまうか，会社のほうから半ば強制的に手をあげさせようとして，労使ト
ラブルに発展するか，いずれにしても立ち往生することが懸念される。

　また，改正高年齢者雇用安定法で努力義務化された70歳までの創業支援
等措置のなかに，「70歳まで継続的に業務委託契約を締結する制度の導
入」が加わった。会社がこれをもって創業支援等措置とする場合にも上記
と同様のことが懸念される。

　社内に，「自律・自立」「セルフコントロール」「自己研鑽」等ができて
いる社員がどれほどいるのかを見極めることが重要である。これらを行動
評価の項目に入れて，評価制度を通じて社員に会社の思いを伝えたり，若
年層のうちから段階的にキャリア研修を行ったりして，制度導入に向けた
地ならしや準備が必要だと考える。

プロフィール ---

田代英治（たしろ・えいじ）　　1985年，神戸大学経営学部卒。同年，川崎汽船株式会社入社。人事部
にて人事制度・教育体系の改革を推進。2006年，株式会社田代コンサルティングを設立し，現在に至る。
人事労務分野に強く，人事制度の構築・運用をはじめとして人材教育にも取り組んでいる。主な著作に，『は
じめての人事社員の実務と心得』（経営書院），『人事部ガイド』（労働開発研究会）等がある。

初出一覧

書下ろし以外は，以下にあげる各稿をもとにして，それらを加筆・修正したものである。

章	番号	タイトル	掲載誌
I章	①	日本経済の行方	書下ろし
	②	人事のパーソナライゼーション化	『人事実務』2022年1月号
	③	2021～2022年労働法制＆労働行政の動き	『労務事情』2022年1月合併号
	④	2022春闘展望，労使の課題	書下ろし
II章	①	自社にふさわしい人事制度とは	『賃金事情』2021年8月合併号
	②	福利厚生をどう見直すか	『人事実務』2021年11月号
	③	レポート：新しい雇用調整の動き	書下ろし
	④	新卒採用はどのように変わりつつあるか	『人事実務』2021年10月号
	⑤	改正高年法を踏まえた制度見直し	『労務事情』連載を基に再構成
	⑥	雇用調整，組織再編時に配慮すべきポイント	『労務事情』2021年2月15日号
III章	【1】 ①	ワクチン接種・PCR検査をめぐる問題への対応	『労務事情』2021年7月15日号に新規書下ろし追加
	②	リスクに対応できる制度・規程見直しのすすめ	『労務事情』2020年7月合併号
	【2】 ①	オフィスをどう変えるべきか	『人事実務』2021年6月号
	②	新ガイドラインを踏まえたテレワーク規程	『労務事情』2021年5月15日号
	③	在宅勤務手当は課税対象となるか	書下ろし
	【3】 ①	確認しておきたいパワハラ対策	『人事実務』2021年7月号
	②	気をつけたい健康情報の取扱い	『労務事情』2019年5月15日号
	③	改正された事務所衛生基準	書下ろし
	④	いま心がけたい心理的配慮	『労務事情』2021年4月1日号，4月15日号
	【4】 ①	改正育児・介護休業法ガイド	『労務事情』2022年1月合併号
	②	レポート：出生サポート（妊活）休暇	書下ろし
	【5】 ①	改定「副業・兼業ガイドラインQ＆A」をどう読むか	『労務事情』2022年2月1日号
	②	業務委託の可能性	『人事実務』2022年1月号

ホームページとの連動のご案内

下記の記事内 **DL** マークの資料，一部の記事については，閲覧・ダウンロードが可能です。

このURL（QRコード）にアクセスしてください。情報更新は随時行います。

https://www.e-sanro.net/data/7858/

▷資料

分類	番号	資料名	掲載頁
ハラスメント	1	事業主が職場における優越的な関係を背景とした言動に起因する問題に関して雇用管理上講ずべき措置等についての指針（令2.1.15厚労告5号）	47頁，193頁
安全衛生	2	事務所衛生基準規則及び労働安全衛生規則の一部を改正する省令（令和3年厚労省令第188号）	47頁，216頁
	3	事務所衛生基準規則及び労働安全衛生規則の一部を改正する省令の施行等について（令3.12.1基発1201第1号）	216頁
高年齢者雇用	4	第2種計画認定・変更申請書（厚労省）	110頁
新型コロナ	5	業種ごとの感染拡大予防ガイドライン一覧（内閣官房ウェブサイト）	153頁
	6	オフィスにおける新型コロナウイルス感染症予防ガイドライン（2020年5月14日）（経団連）	153頁
テレワーク	7	テレワークの適切な導入及び実施の推進のためのガイドライン（令和3年3月公表）	53頁，170頁
	8	国税庁「在宅勤務に係る費用負担等に関するFAQ（源泉所得税関係）」（令和3年5月31日）	185頁，186頁
情報管理	9	労働者の心身の状態に関する情報の適正な取扱いのために事業者が講ずべき措置に関する指針（平成30年9月7日労働者の心身の状態に関する情報の適正な取扱い指針公示第1号）	207頁

分類	番号	資料名	掲載頁
育児・介護	10	就業規則への記載はもうお済みですか―育児・介護休業等に関する規則の規定例―（平成4年4月1日，10月1日施行対応版）	232頁
	11	令和3年改正育児・介護休業法に関するQ&A（厚労省）	232頁
兼業・副業	12	副業・兼業の促進に関するガイドライン（2020年9月改定，厚労省）	53頁，256頁
	13	「副業・兼業の促進に関するガイドライン」Q&A（改訂版）（2021年7月，厚労省）	53頁，256頁

◆本書記事

記号	タイトル名	掲載頁
A－1	定年および再雇用の就業規則例（多田智子氏）	111頁
A－2	再雇用の規定例（多田智子氏）	115頁
B	選択定年制の規定例（多田智子氏）	117頁
C	テレワーク就業規則例（小鍛冶弘道氏）	171頁
D	パワハラ申告者ヒアリングマニュアル例（向井蘭氏）	194頁
E	社内対応マニュアル例（向井蘭氏）	194頁
F	パワハラチェックリスト（向井蘭氏）	196頁
G	健康情報等の取扱規程（例）（増田陳彦氏）	208頁
H	テレワークモデル就業規則（厚労省）	148頁
I	育児休業に関する書式（高仲幸雄氏）	232頁

人事・労務の手帖 2022年版　コロナネクストに向けた実践ガイド

2022年4月3日　第1版　第1刷発行

定価はカバーに表示してあります。

編　者　産労総合研究所

発行者　平　　盛之

発行所　㈱産労総合研究所
　　　　出版部　経営書院

〒100−0014
東京都千代田区永田町1—11—1　三宅坂ビル
電話03-5860-9799　振替00180-0-11361

印刷・製本　中和印刷株式会社

ISBN978-4-86326-322-2